学校で教えない教科書

面白いほどよくわかる

心理学

心理学の基礎知識をカンタンに解説!

保坂　隆 監修

日本文芸社

はじめに

現在、私たちが一般的に「心理学」と呼んでいる学問は、ドイツの心理学者ウィルヘルム・ヴントが始めた「近代心理学」が始まりとされています。彼がライプチヒ大学に心理学教室を設けたのは1879年ですから、心理学はわずか130年の歴史しか持っていないのです。もちろん、現在でも様々な心理学の研究が行なわれ、新しい論文や理論が発表されるなど、進化し続けています。

しかし、20世紀後半から私たちを取り巻く環境は大きく変化しています。価値観の激変、想像もできなかったハイテク機器の出現、複雑化する人間関係などです。そして、今までの常識や倫理観ではとても理解できない犯罪が毎日のように発生しています。心理学に興味を持つ人が増加し、心理テストの本などに人気が集まっているのも、「以前より見えにくくなった人間の心をなんとか理解したい」という気持ちのあらわれではないでしょうか。

といっても、人間の心は簡単なものではありません。心を解明するためには、心理学の基礎をしっかり理解することが必要不可欠です。

本書では、心理学という学問のルーツ、基礎、そして最新の理論まで、数多くのことを説明することにしました。これを読んでいただくことによって、人間の心にまつわる疑問がひとつでも解明できたら幸いです。

面白いほどよくわかる心理学

C O N T E N T S

第1章　心理学総論

第2章　心理学は難しくない

第4章　深層心理を探る

第5章　夢分析

第6章　子供の心理

第7章　男女の心理

第8章　身体と心理

第9章　嘘の心理

第10章　組織の心理

第11章　犯罪の心理

第12章　恐怖と病いの心理

制作協力／幸運社
岡崎博之
編集協力／有限会社ユニビジョン
本文デザイン／上山耕平
本文イラスト／勝田登司夫
本文DTP／株式会社公栄社
写真提供／毎日フォトバンク

第1章

心理学総論

1. 世界初の心理学書『霊魂論』
心理学の歴史（Ⅰ）

古代ギリシアの哲学者プラトンは、身体と霊魂は別々なものという「心身二元論」を唱えました。それに対してアリストテレスは、身体と霊魂は分離できない=一元的なものと考え、身体にあらわれる変化で霊魂の動きを明らかにできるという『霊魂論』を発表しました。

ここでいう「霊魂」とは現在の「心理分析」と同義語です。そのため、『霊魂論』は最古の心理学書といわれています。

◉ 原点は哲学思想だった

『霊魂論』によれば、この世の生物は霊魂の種類によって栄養的霊魂、感覚的霊魂、そして理性的霊魂の3つに大別できるといいます。栄養的霊魂は、生物の基本動作「エネルギー転換（食事）」、「自己増殖（生殖活動）」を行なわせるもので、主に植物に備わっています。そして、これを持っているかどうかが生物と無生物の違いをあらわすとします。感覚的魂はこれに加えて「感覚」と「運動能力」を持ち、主に動物に備わっています。さらに、理性的霊魂はこれに「理性」が加わり、人間に備わるものと定義したのです。

さらにアリストテレスは、栄養的霊魂と感覚的霊魂は肉体と分離することができず、そのため肉体の死とともに失われてしまう。ただし、理性的霊魂だけは肉体と分離することができると考えました。

このように、心理学の原点は哲学系思想にありました。そのため、現在でも心理学は哲学系に分類されているのです。

心理学の歴史

The History of Psychology①

魂の研究

古代ギリシアの哲学者プラトンは、身体と霊魂は別々なものという「心身二元論」を唱えました

プラトン
BC427～347

古代ギリシアの哲学者。ソクラテスの弟子でアリストテレスの師。

↓

精神世界の科学

アリストテレスは、身体と霊魂は分離できないひとつのもの＝一元的なものと考え、身体にあらわれる変化を通して霊魂の動きを明らかにできるという「霊魂論」を発表しました

アリストテレス
BC384～322

古代ギリシアの哲学者。
中世のスコラ学に多大な影響を与えた。

↓

有機体の行動の科学

さらにアリストテレスは、栄養的霊魂と感覚的霊魂は肉体と分離することができず、そのため肉体の死とともに失われてしまう。ただし、理性的霊魂だけは肉体と分離することができると考えました

2. 転換点になった連合心理学
心理学の歴史（Ⅱ）

17世紀に入ると、ローマカトリック教会は肉体と精神の「一元論」を痛烈に批判するようになりました。このときに二元論を唱えたのが、ルネ・デカルトでした。彼は、「肉体は機械と同じように動くが、精神は魂に属しており、まったくの自由である」と主張しました。

これに続き、カントが、人の認識というのはあらかじめ備わった思想や経験によるとする「認識論」を発表。この後もヘーゲルの「観念論」、ベーコンの「経験主義哲学」が発表され、心理学は科学の領域へと移行したのです。ターニングポイントになったのは、連合心理学の登場でした。連合とは、たとえば白い色を見て雪を思い出すように、ある知覚をきっかけとして、それに関連する概念を連想する現象（わかりやすい言葉で「連想」のようなもの）のことを指します。

◉ 赤ん坊の心は白紙の石版

連合心理学の基本となったのは、ロックが唱えた「経験心理学」でした。ロックは、生まれたばかりの赤ん坊の心を「タブラ・ラサ（白紙の石板）」と呼び、人間は経験によってその石板に様々な事柄を記していくと主張しました。

その後、ヒューム、ミル、スペンサーといった研究者たちがこの考えを発展させ、「たとえ自分が直接経験したことではなくても、似た観念を持っていれば、それらが連合することによって、その経験を認識することができる」という「連合心理学（連合主義）」の立場をとったのです。

二元論から経験心理学へ

The History of Psychology②

心身二元論

肉体と精神はまったく違うもの（ただし、お互いに影響は与えあっている）というデカルトの考え方

デカルト 1596〜1650

↓

認識論

人の認識とはあらかじめ備わった思想や経験によるものだとするカントの考え方

カント 1724〜1804

↓

観念論

精神的なもの、非物質的なものを世界の根源とし、物質的なものを二次的なものとするヘーゲルの考え方

ヘーゲル 1770〜1831

↓

経験主義哲学

心とはもともと白紙のようなもので、経験によって知識が記録されていくというベーコンの考え方

ベーコン 1561〜1626

↓

経験心理学

生まれたばかりの赤ん坊の心を「タブラ・ラサ（白紙の石板）」と呼び、人間は経験によってその石板に様々な事柄を記していくというロックの考え方

ロック 1632〜1704

3. 1879年に誕生した現代心理学

心理学の歴史（Ⅲ）

現代心理学は1879年に成立したとされています。その理由は、同年にドイツ・ライプチッヒ大学の哲学科教授ヴントが心理学実験室を設立したためです。

それまでは哲学の一分野としか見られていなかった「心理学」が、ついに新しい学問分野として認められたのです。この功績によって、ヴントは「心理学の父」と呼ばれています。

ヴントは、生理学的心理学という方法で心理を研究・解明しようと考えました。これは、外部からの刺激と心の反応にはどのような関係があるのかを研究する学問です。恐怖を感じるから身体の一部に汗をかく、暗いところに閉じ込められると不安を感じる、などがよい例といえるでしょう。

◉ 心はオーケストラと同じ

20世紀に入ると、さらに心理学は発展し、ドイツのウェルトハイマーらによって「ゲシュタルト心理学」が登場します。これは、「心の動きは、単にいくつかの要素が組み合わさって生まれるのではなく、複数の要素の相乗効果によって生まれるもの」という考え方です。

たとえば、ヴァイオリンやフルート、チェロといった楽器の音色をバラバラで聴くよりも、オーケストラとして聴いた方が音に広がりが出ます。

つまり、オーケストラは楽器を単に集めたものではなく、相乗効果が生まれているということです。私たちの心の中でも、同じ現象が起きているのです。

心理学の父・ヴント

The History of Psychology③

1879年

ライプチッヒ大学の哲学科教授・ヴントの主張により、ライプチッヒに世界最初の心理学実験室が創設され、ここから彼自身及び弟子たちによって心理生理学、反応時間、精神物理学、連想などの実験的研究が生み出されました

ウィルヘルム・ヴント
1832〜1920
ドイツの実験心理学の創始者。

ゲシュタルト心理学

Gestalt Psychology

「ゲシュタルト心理学」とは、心の動きは、単にいくつかの要素が組み合わさって生まれるのではなく、複数の要素の相乗効果によって生まれる、という考え方です

4. 刺激とその反応を観察する学問
認知心理学とは

コンピュータというのは、ある入力に対し一定の出力があります。たとえば「1+1=」と入力すれば、必ず「2」と出力します。これと同じように、人間の心(脳)をコンピュータのようなものと見なし、どのような入力(刺激)に対し、どのような出力(反応)があるのかを、様々な実験によって明らかにするのが認知心理学です。

認知心理学という分野が生まれたのは20世紀後半のことです。心理学者のナイサーが、1967年に『認知心理学』という本を発表したことによって一般的に使われるようになりました。

◉ 1+1が2とは限らない

たしかに、人間の脳というのはコンピュータに似ています。しかし、人間には意思がありますし、感性や感情もあります。そのため「1+1=」と入力しても、常に「2」という出力があるわけではありません。

わかりやすい例をあげると、「横断歩道の信号が赤信号ならどうする?」という問いをコンピュータに入力すれば、例外なく「止まって待つ」という出力(答え)があるはずです。

しかし、人間の場合は、まわりの人たちが止まらずに渡り始めると、それにつられて渡ってしまうことは珍しくありません。なぜ、渡ってはいけない赤信号で人は渡ってしまったのか――様々な仮説を立て、実験して理解しようとするのが、認知心理学なのです。

認知心理学

Cognitive Psychology

5. 肉体と精神の発達を研究する
発達心理学とは

発達心理学の祖は、アメリカの心理学者ホールといわれています。ホールは19世紀末に、子供の心身の発達過程を研究する「児童心理学」を提唱しました。当時は、児童期までを人間発達の途上と見なす傾向が強かったため、「発達心理学」と同義語となりました。

しかし、現在では高齢化の影響もあって、人は死を迎えるまで発達（成長または変化）し続けると考えられるようになり、発達心理学と児童心理学は別の分野として研究されています。

◉ 同じ途を選んだ双子

発達の理論としてまず主流になったのは、ゲゼルの「あらかじめ遺伝子にプログラムされていたものが、時間とともにあらわれる」という「遺伝説」でした。それに対してピアジェは、環境によって発達が左右されるという「環境説」を主張しました。

当初は対立したふたつの説ですが、次第に双方の欠点を補っていると考えられるようになりました。現在では、遺伝と環境の相互作用を重視する方向へと研究が進んできています。

たとえばアメリカで、生まれてすぐに引き離された一卵性双生児がいました。31年後に再会すると、彼らはともに消防士になり、同じかたちの口ひげを生やし、同じ趣味を持っていました。これは「遺伝説」を証明する出来事かもしれませんが、すべてが同じというわけではありません。人の心を知るうえで、環境は欠かせないものなのです。

エリクソンのライフサイクル論

Developmental Psychology

発達心理学の7つの段階

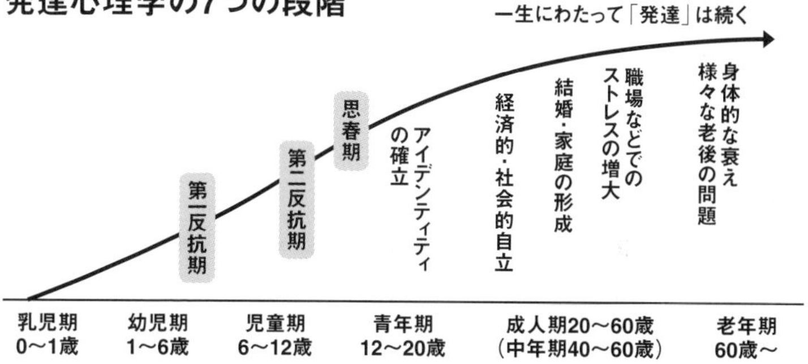

エリクソンのライフサイクル論による発達課題

乳児期	0〜1歳ごろ	母親との関係の中で基本的信頼感を獲得することが課題。失敗すると基本的不信感が育つ
幼児前期	1〜3歳ごろ	トレーニングなどの中で自立性を身につけることが課題。一方、恥や疑いの感情も生まれる
幼児後期	3〜6歳ごろ	活動範囲の拡大の中で自主性を獲得することが課題。一方、両親に対する性的関心や摩擦などから罪悪感を持つようになる
児童期	6〜12歳ごろ	学校活動などを通じて勤勉性を身につけることが課題。一方、他人との比較で劣等感を感じるようになる
青年期	12〜23歳ごろ	アイデンティティ（自我同一性）の確立が課題。失敗すると同一性拡散（自分が何者かわからない）状態になる
成人前期	23〜35歳ごろ	家庭や職場を通じて他者との親密な関係を獲得することが課題。一方、孤立する危険もある
成人後期	35〜63歳ごろ	子供など次世代の人間を育てる生殖性の発達が課題。一方、職場などで停滞する感覚を持つこともある
老年期	63歳ごろ以降	それまでの人生経験や知識を総合することが課題。一方、死が近づくことによる絶望感を味わうこともある

アメリカの精神分析学者エリクソンは、「人間は心理的、社会的に生涯発達をし続ける」という観点から、8段階による人生のライフサイクル論を展開しました。「発達心理学」とは、このような人間の発達の過程における意識や行動を研究する分野といえます

6. 人はどう学び、育っていくのか
教育心理学とは

教育心理学とは、人がどのように学び・育っていくのかを心理学の側面から明らかにし、学校などでの教育に関する技術などを整えようとする心理学の分野です。

どこからどこまでが教育心理学が扱うべき事柄なのかについては、いまだに明確な線引きがありませんが、一般的に教育心理学で取り扱われてきたのは、次の4分野でした。

◉ 広がりつつある教育心理学の分野

1. 成長と発達……児童や青年の精神の成長や発達の問題を取り扱います。この過程と段階の心理学的特徴を明らかにすることによって、次の学習指導や教育活動を円滑に行なえるようになります。

2. 学習と学習指導……学習とその指導方法について心理学的側面から研究し、学校における学習指導方法や教材、そしてそれらの効果について研究する分野です。

3. 人格と適応……教育の最終目的は、人間性の豊かな発達を目指すものです。しかし、学校で行なわれる学習指導に適応できず、豊かな人格形成ができない人が増えています。なぜこのようなことが起こるのかを研究し、その対策を明らかにする分野です。

4. 測定と評価……数値的な測定によって、知能や人格の評価を行なう方法を研究する分野です。教育心理学の中では最も進んだ分野で、IQテストなどもこれに含まれます。

教育心理学

Educational Psychology

❶ 成長と発達

児童や青年の成長や発達過程における心理学的特徴を明らかにすることで、次の段階の学習指導や教育活動を円滑に行なえるようになります

❷ 学習と学習指導

学習とその指導方法について心理学的側面から研究し、学習指導方法や教材などの効果について研究する分野です

❸ 人格と適応

学校で行なわれている学習指導に適応できず、豊かな人格形成ができない人を対象に、なぜこのようなことが起こるのかを研究する分野です

❹ 測定と評価

数値的な測定によって、知能や人格の評価を行なう方法を研究する分野です。IQテストなどが、これに含まれます

7. 臨床心理士はアドバイスしない？
臨床心理学とは

臨床心理学とは、個人が持っている心理的障害や深い悩み、または精神発達や環境適応の問題を、心理学的知識や技術によって解決しようとする心理学の分野で、心理査定、面接・心理療法、地域援助、調査研究という4つの仕事があります。

特にアメリカで進んでいる分野ですが、そのきっかけになったのは第一次世界大戦でした。この戦争によって発生した大量の戦傷者たちは、身体だけではなく心にも深い傷を負い、社会復帰が困難になっていました。彼らを理解し、癒すために臨床心理学が発達したのです。

◉ 同じストレスでも反応は違う

しかし身体とは違い、心を癒すのは困難です。なぜなら、症状が出にくいためです。たとえば、一定以上の数の食中毒菌がついた食べ物を食べれば、ほとんどの人に下痢や発熱といった症状があらわれます。ところが、心の病ではこのような明確な症状があらわれることはなく、しかも同じ問題を抱えていても、平気な人と、心に大きな影響や深い傷を受ける人がいます。

近年激増する無差別殺人事件の犯人たちは、逮捕後に「仕事や人間関係が上手くいかず、むしゃくしゃして人を殺したくなった」と語ることが多いようですが、仕事や人間関係が上手くいっていない人はたくさんいます。彼らが一線を越えて犯行に及んでしまったのは、人によって心理的影響が異なることをあらわすよい例といえるでしょう。

臨床心理学

Clinical Psychology

心理査定

面接・心理療法

臨床心理学

Clinical Psychology

個人が持っている心理的障害や深い悩み、または精神発達や環境適応の問題を、心理学的知識や技術によって解決しようとする分野です

地域援助

調査研究

8. 犯罪者に身体的特徴はあるのか
犯罪心理学とは

犯罪心理学とは、犯罪および犯罪者について研究する心理学の分野のことで、次の4つに大別できます。

1．犯罪者心理……犯人はなぜ犯行に至ったのか、そして犯罪を犯したときの心理分析を行ない、新たな犯罪が起きたときに犯人を割り出すための一助とします。

2．裁判心理学……目撃者の供述の信憑性や、記憶の変容、暗示効果などを分析して正確な証言を得るようにするとともに、えん罪事件などを発生させないようにします。また、陪審員の評決に及ぼす心理的影響や、被告人、弁護人、検察官、裁判官などの人間関係を解明します。

3．矯正心理学……有罪が確定した犯罪者の更生のための心理技法の研究をし、社会復帰に繋げるための教育方法を確立します。また、再犯を防止し、犯罪や非行を予防するための方法を研究します。

4．被害者心理学……新たに確立された分野で、事件に巻き込まれた人が受ける身体的・精神的な後遺症とともに、マスコミに追いかけられるストレスなどについて研究します。

◉犯罪者に身体的特徴はなかった

ちなみに、犯罪心理学の祖はイタリアの医学者ロンブローゾといわれています。彼は数多くの犯罪者の身体的データを集め、犯罪者に特有の身体的特徴があると主張しました。しかし、この考え方は後に大きな批判を受け、心理面から犯罪者の動機に迫るようになりました。

犯罪心理学

Climinal Psychology

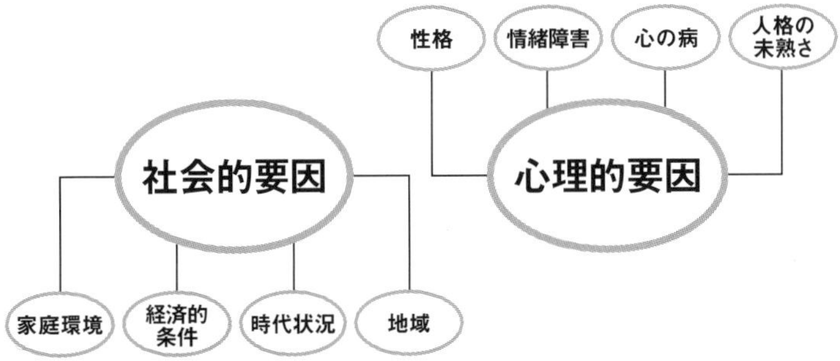

❶ 犯罪者心理

犯人がなぜ犯行に至ったのか、そして犯罪を犯したときの心理分析を行ない、新たな犯罪が起きたときに犯人を割り出すための一助とします

❷ 裁判心理学

目撃者の供述の信憑性や、記憶の変容、暗示効果などを分析して正確な証言を得るとともに、えん罪事件などを発生させないようにします

❸ 矯正心理学

有罪が確定した犯罪者の更生のための心理技法の研究をし、社会復帰に繋げるための教育方法を確立します

❹ 被害者心理学

事件に巻き込まれた人が受ける身体的・精神的な後遺症とともに、マスコミに追いかけられるストレスなどについて研究します

9. 混雑する店へ行きたい
社会心理学とは

社会心理学とは、社会的環境の中で個人や集団がどんな行動を示すかを研究する心理学の分野です。いままで紹介してきた心理学の分野は、すべて個人の心理を扱うものでした。

それに対しこの社会心理学では、集団心理や文化、社会的行動などを扱います。会社、学校、地域、家庭など、私たちは様々な「社会(集団)」に属していますから、他の分野よりも実用的な(日常で使える)心理学といえます。

◉知らないと不安になる心理

たとえば、社会心理学者のミルグラムが行なった実験に、次のようなものがあります。彼は、ニューヨークのある場所にサクラを立たせ、ビルを見上げさせました。

サクラの数が2〜3人のときでも立ち止まる通行人の割合は6割ほどに達しましたが、サクラの数が5人以上になると、なんと通行人の8割が立ち止まり、またたく間に大きな人だかりになりました。

人は、「みんなは何が起こっているのか知っているのに、自分だけが知らない」という状況に置かれると不安を感じます。逆に、同じことをしていると安心感や連帯感を得ることができます。この心理が、何もないビルの前に人だかりを作ったのです。

お店に行列ができていると、美味しいかどうかわからなくても並びたくなるものですし、混んでいるとわかっていても、話題のスポットに出かけたくなるのも、すべて同じ心理です。

社会心理学

Social Psychology

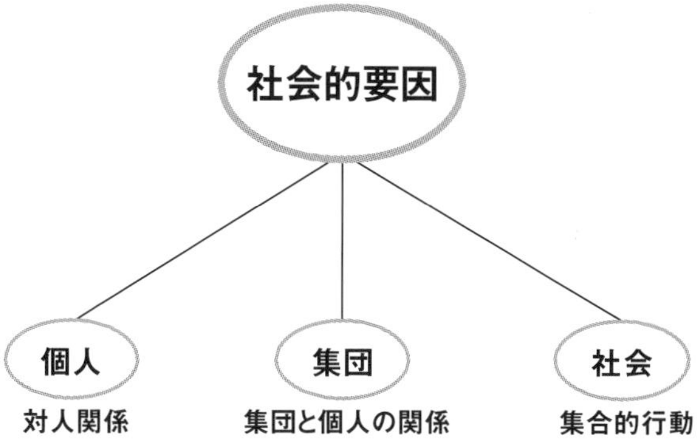

「みんなは何が起こっているのか知っているのに、自分だけが知らない」という状況に置かれると、人間は不安を感じます

10. 災害時に二次災害を出さない
災害心理学とは

災害が起きると、人間は普段とまったく違う行動をとることがあります。たとえば、2008年に中国で発生した大地震では、校舎から避難しようとした学生が階段に殺到して将棋倒しとなり、100名以上が負傷するという事故がありました。普段通りに下りていれば無事に避難できたはずなのに、なぜ将棋倒しが発生したのでしょうか。その理由は、学生の間に起きたパニックです。

◉ 被害者の精神的打撃も研究対象に

災害心理学では、災害と人間行動の関連性を研究しています。研究の内容は次のふたつに大別できます。

1. 災害時に人が示す反応……前述の例でいうと、学生たちは「早く避難しなければ校舎が崩壊する」という不安と恐怖によってパニックを起こし、人を押しのけて階段を下りようとしました。災害時に人がどのような反応を示すかを研究しておけば、こんなパニックも避けられたかもしれません。そのための方策や心理分析を行ないます。

2. 被害者及びその家族の精神的打撃……災害によって肉親や家族を失ったり、自分自身が怪我をすると、精神的に大きな打撃を受けます。これは「PTSD（心的外傷後ストレス障害）」という症状で、災害の後遺症とも呼ぶべきものです。精神的な打撃がどのようにして発生したのか、また、どのようにすればそれを回復することができるのかを、臨床心理学的立場から研究するものです。

第2章

心理学は難しくない

1. ストレスに潰されないのはなぜか
防衛機制とは

肉親や恋人の死は、私たちにとってたいへん大きなストレスになります。涙にくれ、食事が喉を通らない日が続いても当然ですが、なかには元気に振る舞っている人や、ケロリとしている人もいます。そんな様子を見て、口の悪い人たちは「薄情なヤツだ」と言うかもしれませんが、心理学的に見ると「強い防衛機制を持っている人」といえます。

◉ 不安恐怖でも起こるストレス

防衛機制という言葉を初めて使ったのは、有名な精神分析医のフロイトでした。防衛機制とは、ストレスを受けても精神が深刻なダメージを受けないように、そのストレスを避けたり弱めるために働く心理的メカニズムを指します。

もし、この防衛機制が正常に働かなかったら、肉親や恋人の死という強いストレスを受けた場合、精神を病んでしまうかもしれません。

防衛機制は、強いストレスを感じたときだけ働くものではありません。ちょっとしたストレス——たとえば、上司や先生、親に怒られたときにも働きます。そのおかげで、私たちは出社拒否症や登校拒否、家庭内暴力を起こさずにすんでいるのですが、あまり働きすぎるのも考えものです。

なぜなら、防衛機制は心の自由を奪う働き(事実とは違う解釈をするように働きかける)があるためです。防衛機制が過剰に働くと、神経症やヒステリーの症状が出ることもあります。

ちなみに防衛機制には、合理化、抑圧、反動形成、投影、同一視、逃避などがありますが、代表的なものをいくつか紹介していきましょう。

防衛機制

Defence Mechanism

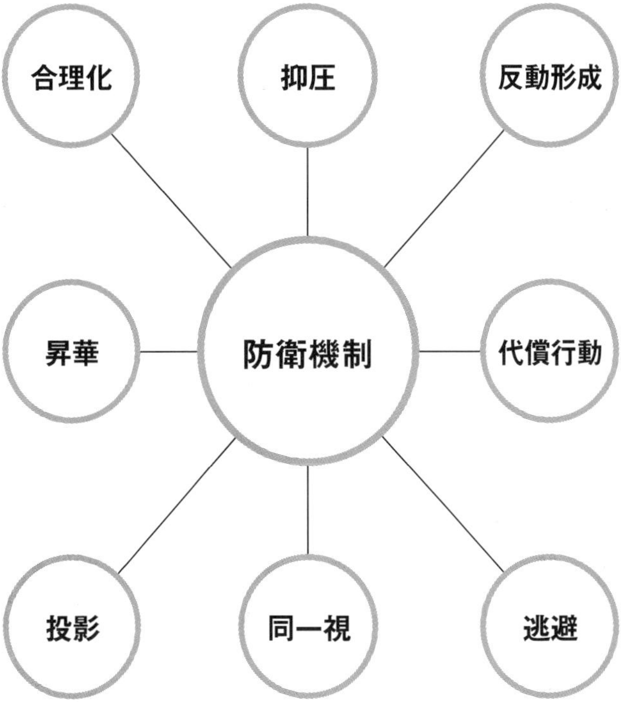

防衛機制という言葉は精神分析医のフロイトが使った。
ストレスを避けたり弱めたりする際に働く心のメカニズムのこと

2. 自分では気づかない「負け惜しみ」
合理化

イソップ寓話の中に『酸っぱいブドウ』という話があります。あらすじを簡単に説明しておくと、「腹を空かしたキツネがうろついていると、たわわに実ったブドウがいくつもぶら下がるブドウ畑を見つけました。キツネは一生懸命ジャンプしてブドウの実を取ろうとしますが、まったく届きません。するとキツネは『きっとこのブドウは酸っぱくてまずいにきまっている。取れなくてよかったよ』と捨て台詞を吐いて、消えて行きました」

このように、手に入れたくてしかたのないものが手に入らない場合、人はそれが「自分にとって価値のないもの」と見なして諦めることがあります。これを「合理化」といいます。

合理化が成功すると、不安や不満、欲求などが解消され、心の平安を得ることができます。

◉ 合理化は心の平安をもたらす

たとえば、好きな男性が自分の方を振り向いてくれないときに、「彼には見る目がない」と考えたり、入社試験で落とされた企業に対し、「あそこは時代遅れの官僚主義だから、入れなくてよかった」などと考えるのが、合理化の典型的な例です。

ちなみに、合理化は心の平安をもたらすため、このような発言をした本人に合理化を行なっているという意識はないのが一般的です。つまり、周囲には負け惜しみに聞こえても、本人はそのことにまったく気づかないのです。

合理化

Rationalization

3. 疑心暗鬼になるのは自分のせい?
投影とは

投影とは、自分のものとしては絶対に受け入れられない不都合な感情や衝動を、他人のものとしてしまうことを指しますが、やや病的なものです。

たとえば、あなたに強い浮気願望があるとしましょう。しかし、あなたには美しい奥さんと可愛い子どもがいますし、仕事も順風満帆です。この幸せな生活を浮気で壊す気などありませんし、自分に浮気願望があること自体認めたくありません。すると不思議なことに、「妻は強い浮気願望を持っている」と思い始めてしまうのです。

なぜ、自分の願望を奥さんに押しつけてしまうのでしょうか。それは、願望との心理的距離をとることができるためです。自分の心のなかにあると、あまりにも心理的距離が近すぎて耐えられないが、奥さんの心のなかにあると思えば耐えられるというわけです。

◉ 喧嘩や戦争のきっかけにもなる投影

これと似通ったことは、戦場や喧嘩の現場でもよく見られます。自分に激しい攻撃衝動や殺害の意思がある場合、それを相手に投影することによって人は均衡を保とうとします。しかし、それは同時に「相手が自分を攻撃しようとしている」と感じることであり、自己防衛をしようとしてまた新たな攻撃衝動が生まれます。その結果、実際の戦闘や喧嘩が始まってしまうのです。

疑心暗鬼が生じたときには、「もしかしたら、それは投影かもしれない」と冷静に考えてみるといいかもしれません。

投影

Projection

4. テスト当日に発熱する理由
逃避とは

小学校時代、苦手な授業やテストがある日に熱を出したことはありませんか。これが典型的な「逃避」です。先生に怒られたらどうしようという恐怖と不安、テストで悪い点を取ったらみんなに笑われるという屈辱、そしてテストそのものに感じる緊張から逃げ出すため、行動だけではなく体調までコントロールしてしまうのです。

「自分は逃避などしていない」という人でも、知らぬ間に求人広告を眺めていたということは一度くらいあるのではないでしょうか。会社に苦手な上司がいる、仕事がつまらないというときに、最も簡単な逃避行動は、その会社を辞めること。自分では「逃げていない」と思っていても、心は正直なものです。

◉ 逃避が極端になると記憶喪失に

「引きこもり」の原因のひとつも逃避にあると考えていいでしょう。外に出れば、人は様々なストレスを受けることになります。電車に乗ればギュウギュウ詰め、学校へ行けばイジメや受験競争、そして社会人になっても出世争いが続きます。これらのストレスから逃れるため、彼らは「家に引きこもる」という逃避をしたのです。

受刑者には、確実な証拠や目撃証言があるにもかかわらず、「自分は罪を犯していない。これはえん罪だ」と訴える人がたくさんいます。なかには精神分析医も信じ込んでしまうほど、心の底からそう主張する人もいるそうですが、これも逃避の一種です。

逃避

Escape

逃避のメカニズム

テストの日に熱を出す

先生に怒られたらどうしようという恐怖と不安

悪い点を取ったらみんなに笑われるという屈辱

テストそのものに感じる緊張

引きこもり

電車に乗ればギュウギュウ詰め

学校へ行けばイジメや受験競争

社会人になっても出世争い

5. 尊敬されすぎるのも考えもの

反動形成とは

反動形成とは、フロイトが発見した防衛機制のひとつです。受け入れがたい事実や不安、恐怖などを感じた場合、それが抑圧されて無意識下に追いやられ、まったく正反対の態度をとるようになります。

たとえば、あなたが先輩のAさんに強い嫌悪感を抱いている場合、いつの間にかそれを強く否定するようになり、Aさんのことを尊敬しているような素振りを見せるようになります。「素振り」という言葉を使いましたが、このときあなたに"無理をしている"とか"わざとやっている"という意識はありません。なぜなら、Aさんに対する嫌悪感は抑圧されて、あなたの無意識下にあるためです。

しかも、「Aさんって意地悪だよね」「Aさん、お金に困っているらしいよ」という意見を聞くと、それを徹底的に否定し、Aさんがいかに素晴らしい人かを説明しようとします。

◉ 人は生まれつき天の邪鬼

これは、彼らの意見によってあなたの無意識下にある嫌悪感が刺激され、頭を持ち上げようとするのを防ごうとする行動です。

フロイトはこの反動形成を、強迫神経症患者の治療中に発見しました。しかし前述の通り、どんな人にでもあらわれる可能性がある防衛機制です。「あの人、いやに馬鹿丁寧なんだよな」「○○君に驚くほど尊敬されている」と思ったときには、本当はその人があなたのことをひどく嫌っていると考えてみるべきなのかもしれないのです。

反動形成

Reaction Formation

反動形成とは、フロイトが発見した防衛機制のひとつ。受け入れがたい事実や不安、恐怖などを感じた場合、それが抑圧されて無意識下に追いやられ、まったく正反対の態度を取るようになります

6.「お前のため」は自分のため
同一視とは

同一視とは、自分が持ちたいと思っている力や実績などを他の人が持っている場合、それをあたかも自分のものであるかのように感じたり、見なしたりすることを指します。

映画を観ていると、主人公になりきってしまうことがあります。主人公が窮地に陥ると歯を食いしばり、敵との戦いの場面になると拳を握りしめ、ときには殴る素振りまでします。これが同一視です。

人の仕草を真似ることを"模倣"といいますが、これと同一視が異なる点は、無意識かどうかです。たとえば、変身ヒーローが活躍する番組をテレビで観た子供たちは、主人公の仕草や言葉づかいを真似ます。これは、意識してやっていることなので"模倣"です。しかし、前出のように映画の主人公の真似は無意識に行なわれるため、同一視ということになります。

◉子供が勉強してくれない本当の理由

また、自分を強者と同一視して劣等感から逃れることもあります。たとえば、両親のいずれかが自分の学歴にコンプレックスを持っている場合、極端に教育熱心になり、子供に高学歴をつけさせようとすることがあります。

これは、親が、高学歴者という強者となった子供を同一視することによって、自分の劣等感を解消しようとしているのです。口では「お前のためだ」と言って勉強させ、一流の学校へ進学させたかもしれませんが、実は自分のためだったのです。

同一視

Identification

人の仕草を真似ることを「模倣」といいますが、これと「同一視」が異なる点は、無意識かどうかにあります

教育熱心な親も、案外、自分の学歴にコンプレックスを持っている場合が多い。高学歴者になった子供を同一視することによって、自分の劣等感を解消しようとしているのかも……

7. 学術的探究心の原動力

昇華とは

昇華は、少し変わった防衛機制といっていいでしょう。

性的欲求や攻撃欲求などは、社会的に容認されない本能的欲求です。なかにはこの欲求がとても強く、抑圧しきれない人もいます。しかし、これをところかまわず表出してしまえば、犯罪者になる可能性がかなり高くなります。しかし、欲求を我慢すればストレスはたまる一方。そこで、私たちの心は、このような社会的に容認されない欲求を、社会的に価値のある行動に変換させてしまうのです。

社会的価値のある行動というのは、たとえば芸術活動や政治活動などのことを指します。

◉「非性化」とも呼ばれる昇華

フロイトによれば、母親の性器が見てみたいという欲求が強かった人は、それを学術的探求心に昇華させることが多く、糞便で遊びたいという欲求が強かった人は、それを絵画や彫刻などの芸術的活動に昇華させることが多いといいます。

社会的に容認されない欲求が、価値のある行動に変換されるのですから、昇華はたいへん好ましい防衛機制のようですが、この変換によって本人が受ける苦痛は少なくありませんし、芸術活動や政治活動で成功するのは至難の業です。

さて、防衛機制の説明はこのくらいにして、次からは他の心理学理論について説明していきましょう。

昇華

Sublimation

8. 安い鰻丼で満足するのはなぜか

代償行動

土用の丑の日を考案したのは平賀源内だそうですが、その広告効果は大きく、いまだに日本人はこの日が近づくと鰻が食べたくなります。

しかし、鰻の価格も上がる一方。老舗の上鰻丼を頼めば軽く2000円はとられます。そこで厳しい懐具合と相談した結果、老舗の鰻丼を諦めてコンビニ弁当の鰻丼を食べるという人もいるはずです。

当然、老舗店の鰻丼とコンビニ弁当では味がまったく違いますから、3杯食べたところで満足感など覚えないはずです。ところが、その予想に反して、満腹になると「あぁ、今年も土用の丑の日に鰻丼を食べることができた」と、なんとなく満ち足りた気分になるものです。

このように、ある目標を達成しようとする欲求(老舗店の鰻丼が食べたい)が生じた場合に、何らかの障害でそれを達成できない(小遣いが足らない)ときに、似た目標を達成する(コンビニ弁当の鰻丼を食べる)ことによって、初めの欲求を満足させることができる(満ち足りた気分になる)心理を「代償行動」と呼びます。

◉ ストレスを軽減する代償行動

代償行動は、当初の目標を100%達成しているわけではないので、部分的解決や部分的満足です。しかし、最初の目標が達成できないまま(老舗店の鰻丼を食べたいが、お金がないので店の前に立っている)にしていると精神的ストレスが大きくなるため、私たちはこのような行動(コンビニ弁当の鰻丼を食べる)に走るのです。

代償行動

Substitute Behavior

ある目的を達成しようとする欲求

↓

何らかの障害でそれを達成できない

↓

似た目標を達成する

↓

初めの欲求を満足させることができる

代償行動

9. 第一印象が当たるのはなぜか
予測の自己実現

先入観や第一印象だけで人を判断してはいけない。これは人付き合いの基本中の基本です。理屈ではわかっているのですが、残念ながら先入観や第一印象は当たることが多いようです。

たとえば、「この人は怖そうだ」と感じると、付き合えば付き合うほど心が離れていきますし、「この人は好ましい人」と感じると、思った通り親しくなれたという経験は誰にでもあるはずです。

しかし、このことだけで「私の第一印象はよく当たる。これが超能力というものかもしれない」などと考えるのは尚早です。

◉ 予測を実現しているのは自分自身

私たちは、初対面の人にある特定の先入観を持つと、その先入観にそってその人を評価しようとします。つまり、先に自分の思い込みでレールを敷いてしまい、列車を勝手な方向へ走らせているのです。

たとえば、前出のように、ある人に「怖そう」という第一印象を持ったとしましょう。怖い人(自分で思い込んでいるだけですが)の前では緊張するので何もしゃべれなくなるでしょうし、普段はやらないような失敗もするはずです。その人は、あなたが何もしゃべってくれず失敗ばかりしでかすので、ブスッとするでしょう。するとあなたは、「第一印象通り、やはり怖い人だった」という結論に達します。

また、「好ましい人」という第一印象を持った場合も同様に、自分の行動から相手の評価を決定してしまうのです。

予測の自己実現

Predictive Validity

初対面の人にある特定の先入観を持つと、その先入観にそってその人を評価しようとします

このように、第一印象や先入観によって心理や行動が影響され、自分が思っていた通りの結論となったように思えるのは「予測の自己実現」という心理作用によるものなのです

10.「異邦人」の主人公にみる外的帰属
帰属とは

『異邦人』(アルベルト・カミュ作)の主人公・ムルソーは、殺人の理由を問われて「太陽がまぶしかったから」と言ったことで有名です。「何を馬鹿なことを言っているんだ」と思う人もいるかもしれませんが、実は私たちも同じようなことをよく口にしています。

たとえば大学の入試に失敗したとき、私たちは「俺は無理だと言ったのに、親が受験させるからこうなったんだ」「試験会場へ行く前に黒猫が前を横切ったから落ちたんだ」などと、原因が自分以外のところにあると考えがちです。こうした考え方を「外的帰属」といいます。

反対に、入試に合格したときには、「俺はやっぱり頭がいい」「しっかり勉強したから、当然だ」と考え、成功した原因がすべて自分にあると考えがちです。このような考え方を「内的帰属」といいます。

◉外的帰属が強いと失敗を繰り返す

つまり、人間は、失敗したときには「自分は悪くない」と考え、成功したときには「自分のおかげ」と考えるものなのです。

さらに心理学者のハイダーによれば、成功または失敗したときに私たちが口にする理由(帰属)は次の4つだといいます。

1. 能力……「俺はやっぱり頭がいい」
2. 努力……「しっかり勉強したから、当然だ」
3. 困難……「俺は無理だと言った」
4. 運・不運……「黒猫が前を横切った」

帰属

Attribution

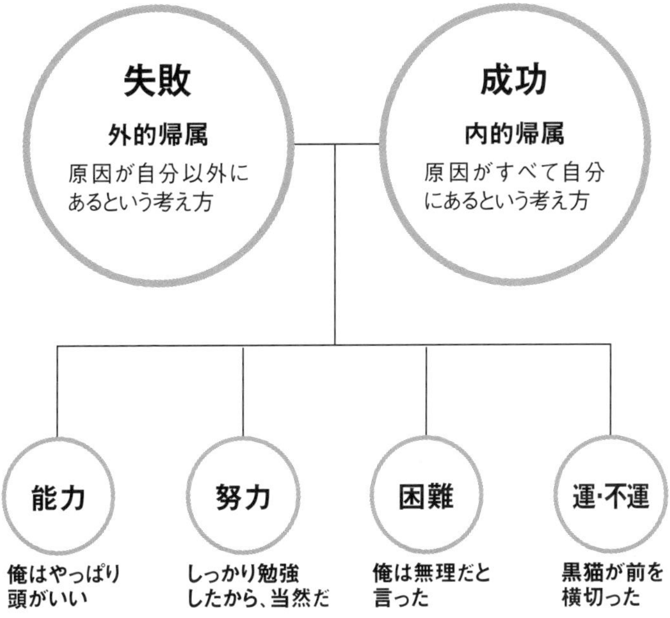

失敗
外的帰属
原因が自分以外にあるという考え方
成功
内的帰属
原因がすべて自分にあるという考え方
能力
俺はやっぱり頭がいい
努力
しっかり勉強したから、当然だ
困難
俺は無理だと言った
運・不運
黒猫が前を横切った

失敗や成功の原因がどこにあるのか、人間は外的帰属と内的帰属によって理由を考え出している

11.「努力すれば成功する」心理
成就要求

成就要求とは、目標を設定し、困難な障害を克服してその目標に到達し、自分はこんなにすごいことができたのだという喜びを味わおうとする気持ちのことです。

この成就要求の強い人には、ちょっとユニークな帰属(前ページ参照)が見られます。具体的にいうと、難関の試験に合格したときには「やっぱり俺は頭がいい」と考え、不合格だった際には「俺の努力が足りなかったんだ」と考えます。

両方とも一般的な内的帰因のように見えますが、成就要求に失敗したときの原因は、あくまでも「努力不足」で、自分の能力(知力)が不足していたとは考えないのです。

◉ 難関に挑戦し続ける理由

そのため、成就要求の強い人は「努力すれば成功する」「次は必ず合格する」と考え、失敗してもめげることがありません。

ところで、自分の子供や恋人、新入社員などの成就要求の強さを知る心理テストがあるので紹介しておきましょう。

まず、その人に仕事を頼みます。そしてそれが終わったら、相手が好きそうなものをお礼として差し出して、「いまは1つしかあげられないが、1週間後なら同じものを10個あげることができる。さて、どちらがいい?」と聞きます。このときに相手が「1週間後の10個」を選んだら、その人は成就要求の強い人と考えていいでしょう。

成就要求

Need Achievement

12. CMにタレントが起用される理由
光背効果

光背効果は、心理学者のソーンダイクが発見した心理現象で、威光暗示ともいいます。ある人が一部分に望ましい特徴や印象を持っていると、その人のすべてが望ましく思えてしまう心理傾向を指します。

たとえばアメリカで行なわれた調査によると、一般的に「美人」と評価される(一部分が優れている)女子大生は、そうでない女子大生よりも教授からよい成績をもらう(すべて――つまり、知性までもが優れていると思われた)傾向があったそうです。

また、Aさんという人物を紹介する場合、「彼は大学生です」と紹介したときよりも「彼は優秀なお医者様です」と紹介したときの方が、身長がより高いという印象を持つそうです。

◉「坊主憎けりゃ袈裟まで憎い」のも光背効果

ところで、テレビ局では毎年「タレント好感度調査」を行なっていますが、上位にランキングされたタレントをCMでよく見かけるようになります。これは、メーカーや広告業界が「光背効果」を利用しようとしているためです。

CMを見た人は、「あの人が使っているなら(よいと言っているなら)、いいものに違いない」と思い込んでしまうのです。とくに、CMで紹介している商品に対して予備知識がない場合、光背効果は非常に強く発揮されるため、新製品のCMに好感度の高いタレントはもってこいというわけです。

第3章

目を欺く心理学

1. 地平線に近い月はなぜ大きい

錯視とは

錯視とは、視覚領域の錯覚を指します。「生理的錯視」と「病的な視覚性錯視」に大別され、生理的錯視には次の4つがあります。

1. 物の運動に関する錯視……波打ち際に立ち、足もとをじっと見ていると、実際には海水と砂が動いているのに、自分の身体が動いているように見えることがあります。

このように、ある物が動くと止まっている物が動いて見えることを「誘導運動の錯視」と呼びます。また、連続した静止画像を続けて見ると、動いているように見えます。「仮現運動の錯視」といい、フィルム映画の原理になっています。

2. 月の錯視……地平線に近いところにある月はとても大きく見えますが、中天にある月は小さく見えます。

これは私たちの脳が、身体の上方にある物よりも前方にある物を大きく認識するためといわれています。ただし、詳しいメカニズムは、よくわかっていません。

3. 色の錯視……同じ大きさの円を黄色や緑色で塗りつぶすと、赤、黒、青などを使ったときよりも大きく見えます。これを「放散による錯視」。また、補色が隣にあると色が際立つのを「対比による錯視」といいます。

4. 幾何学的錯視……物の大きさや図形などが、周囲に線や形などがあることによって実際とは異なって見えることです。

錯視

Illusion

錯視

- 生理的錯視
- 病的な視覚性錯視

①物の運動に関する錯視

ある物のが動くと止まっている物が動いたように見えます

②月の錯視

私たちの脳は、身体の上にある物よりも前方にある物をより大きく認識する傾向があります

③色の錯視

同じ大きさの円を塗りつぶすとき、黄色や緑色は、赤、黒、青などよりも大きく見えてしまいます

④幾何学的錯視

物の大きさや図形などが、周囲に線や形があることによって実際とは異なって見えてきます

2. 同じ長さの直線のはずなのに

ミュラー・リヤーの錯視

最も有名な幾何学的錯視のひとつに「ミュラー・リヤーの錯視」があります。これは、同じ長さの直線の両端に異なった方向の矢線をつけ加えると、異なった長さに見える錯視です。

右ページの図Aを見てください。1よりも2の直線の方が長く見えるはずです。このように、直線の両端に外向きの矢線をつけると実際より長く、内向きの矢線をつけると短く見えます。

ある実験によると、2は1よりも10〜20％ほど長く見える（見る人によって異なる）そうです。この「ミュラー・リヤーの錯視」は、直線の長さが長くなるほど強くなり、また、矢線の長さも長くなるほど錯視が強くなるのがわかっています。

◉ 理由は遠近感

次に、図Bを見てください。上部で交わる2本の線分の間に平行線が引かれています。さて、上下どちらの直線が長く見えますか。おそらく上の直線のはずです。しかし、実際には2本の直線はまったく同じ長さです。

ではなぜ、上の線の方が長く見えるのでしょうか。その理由は、遠近感に関係していると考えられています。

上部で交わる線分を長く延びる廊下だと考えてみてください。すると、下にある線はあなたの近くに、上にある線は遠くにあることになります。その2本が同じ長さに見えるのは、上の線の方が長いことになります。

ミュラー・リヤーの錯視

図A

❶

❷

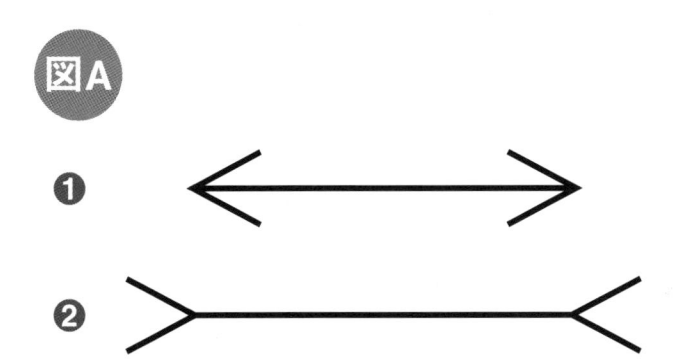

同じ長さの直線の両端に異なった方向の矢線をつけ加えると、異なった長さに見える錯覚が起こります

図B

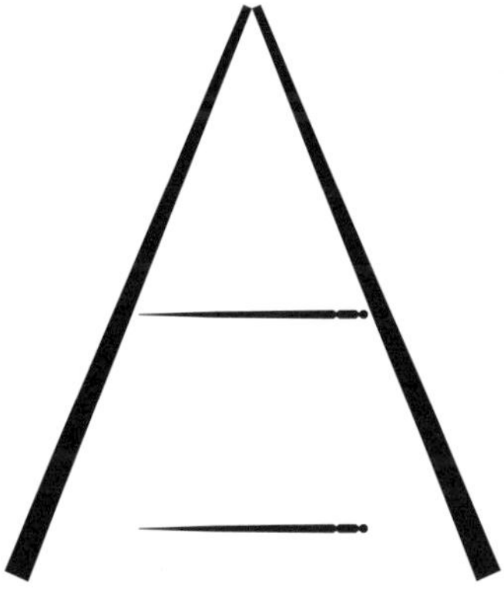

上部で交わる2本の線分の間に平行線を引くと、上の直線のほうが長く見えるのは、遠近感に関係していると考えられます

3. 平行線が歪んで見える不思議
ツェルナーの錯視

右ページの図Cを見てください。小さく上下に傾いた5本の線があります。上の直線から順に左、右、左、右、左が下がっているように見えるはずです。しかし、この5本の線はすべて平行に描かれているのです。こうした、平行線に短い斜線を引くと傾いて見える現象を「ツェルナーの錯視」といいます。

直線が傾いて見える方向は、短い斜線の上部の方向と等しくなり、角度が45度のときに最大の錯視を生むといわれています。

このように直線が傾いて見える現象は、「鋭角過大視錯視」によって起きます。これは、一定以上の角度で直線が交わった場合、人の目はその角度を過大視する傾向があるためとされています。

図Cのいちばん上の直線をもう一度見てください。短い斜線と直線が交わっている角度はピッタリ45度です。しかし、私たちの目にはそれ以上の角度に見えます。この角度が実際より広く見えるので、左が下がって見えるのです。

◉ 角度を過小に評価する

ツェルナーの錯視と似ていますが、まったく正反対の錯覚を起こす「フレーザーの錯視」もあります。これは、右ページの図Dのように、短い線分を繰り返し並べると、全体がその傾きと同じ方向に傾いて見える現象で、「鋭角過小視錯視(10度以下の角度で直線が交わった場合、その角度を過小評価する傾向)」によるものです。

ツェルナーの錯視

図C

平行線に短い斜線を引くと傾いて見える現象を「ツェルナーの錯視」といいます

フレーザーの錯視

図D

短い線分を繰り返し並べると、全体がその傾きと同じ方向に傾いて見える現象を「フレーザーの錯視」といいます

4. 図形を置くと事実が隠される
ポッケンドルフの錯視

右ページの図Eを見てください。左下と右上の斜線は一直線上にありますが、なんとなくズレているように見えませんか。左下の斜線が左、または右上の斜線が右にズレているように……。このように、斜線の間を別な図形や直線で隠すと、離れた直線がズレているように見えます。これを「ポッゲンドルフの錯視」といいます。

ちなみにこの錯視を発見したポッゲンドルフは、ミュラー・リヤーの錯視に関する論文の審査員でした。ポッゲンドルフはミュラーに「この錯視も論文に加えるべき」と進言したのです。彼はこの錯視について、発見者のポッゲンドルフの名を冠して発表しました。

図形を加えることによって目の錯覚を生み出すものには「エビングハウスの錯視」もあります。

右ページの図Fを見てください。小さい円と大きな円に囲まれた円がありますが、どちらが大きく見えるでしょうか。おそらく、左側の小さい円に囲まれている円のはずです。

このように同じ大きさの円でも、小さい円に囲まれると大きく見え、大きい円に囲まれると小さく見えるようになります。

興味深いのは、「中心にある円を指先でつかんでみてください」と指示すると、左右どちらの円をつかむときも、指を開く幅に変化がないという点です。

ポッケンドルフの錯視

図E

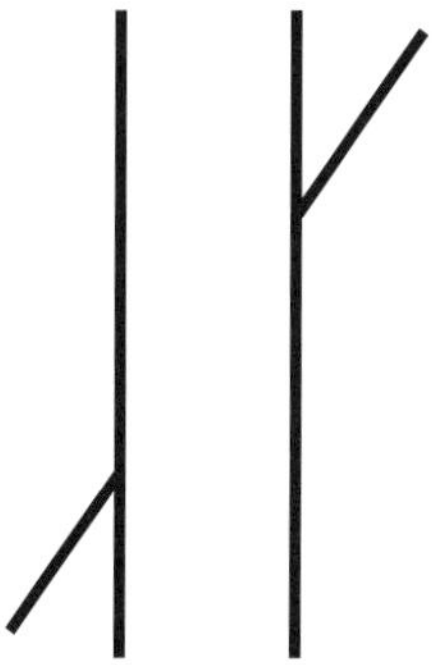

斜線の間を別な図形や直線で隠すと、離れた直線がズレているように見える現象を「ポッケンドルフの錯視」といいます

エビングハウスの錯視

図F

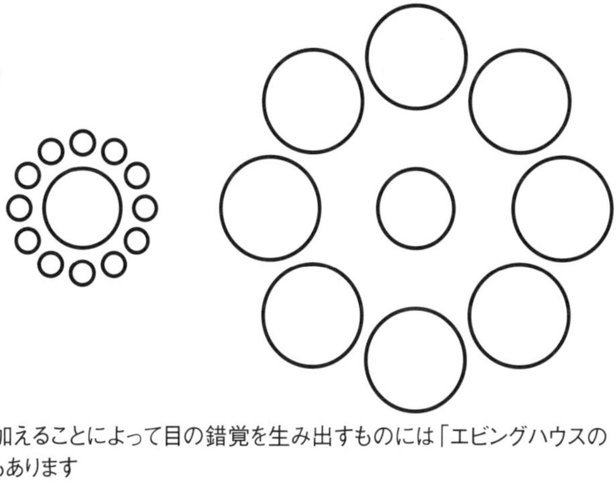

図形を加えることによって目の錯覚を生み出すものには「エビングハウスの錯視」もあります

5. 渦巻きを指でなぞってみると……
フレーザーの図形

前に「フレーザーの錯視」を紹介しましたが、右ページの図Gもフレーザーが発見した錯視で「フレーザーの図形」「フレーザーの渦巻き錯視」などと呼ばれています。この図形のどこに錯視が隠れているのか、わからないかもしれません。

では、右回りの渦巻きを描いている曲線をゆっくり指でなぞってみてください。わかりましたか?

渦巻きに見えた曲線は、実は同心円なのです。この図形は、見た目の美しさから「錯視の王様」とも呼ばれています。

実は、この錯視の原理も60ページで紹介した鋭角過小視錯視(10度以下の角度で直線が交わった場合、その角度を過小評価してしまう心理)によって説明できます。

◉傾いて見える平行線

これと同じように、図形を組み合わせて錯視が生まれるものに「ミュンスターバーグの錯視」があります。

右ページの図Hを見てください。この図の中には6本の平行線が描かれていますが、傾いて見えませんか。これは平行線の上下に、等間隔に同じ色の正方形を上下互い違いに描いていくと生まれる錯視です。

ちなみに、心理学者のカフェウォールは、平行線の色を黒色から灰色にすると、この錯視がさらに強化されることを発見しました。

フレーザーの図形（渦巻き錯視）

図G

渦巻きに見えた曲線は、実は同心円。「フレーザーの図形」は、見た目の美しさから「錯視の王様」と呼ばれています

ミュンスターバーグの錯視

図H

平行線の上下に、等間隔に同じ色の正方形を上下互い違いに描いていくと生まれる錯視です

6. 濃度が違って見える不思議
ホワイト効果

右ページの図Iと図Jを見てください。

格子のなかに灰色で書かれた「心理学」という文字が隠れていますが、上と下どちらの文字の色が濃く見えますか。おそらく、上の方が濃く見えるはずです。

しかし、実際にはどちらの灰色も同じ色なのです。このように、黒と白の格子模様のなかに灰色を置くと明るさが異なって見える錯視のことを「ホワイト効果」といいます。

そして究極の濃度の錯視ともいえるのが、図Kの「エーデルソンの錯視」です。

マス目のなかに「A」と「B」と書かれたものがあります。AとBのマス目の濃度は“確実に”違って見えますね。ところが実際には、このふたつのマス目はまったく同じ濃度なのです。

本当は同じ濃度なのに違って見えてしまう理由はふたつ。ひとつは、Aのマス目が薄い色のマス目に囲まれているのに対し、Bのマス目が濃い色のマス目に囲まれていること。そしてもうひとつは、右上の円柱の影があるため。

しかも、この影は境界線がぼやけているので、その影響を強くしています。

ホワイト効果

図I

図J

黒と白の格子模様のなかに灰色を置くと明るさが異なって見える錯視のことを「ホワイト効果」といいます

エーデルソンの錯視

図K

「エーデルソンの錯視」は究極の濃度の錯視といえます

7. 存在しない黒点が輝き出す
ヘルマンの格子錯視

右ページの図Lを凝視してみてください。何もないはずの四角形の四隅にボンヤリとした灰色の点が浮かび上がってきます。この錯視のことを「ヘルマンの格子錯視」と呼びます。

不思議なのは、注視した場所には浮かび上がらないということです。注視した周囲にだけ灰色の点があらわれ、それを目で追いかけるとその点は跡形もなく消えてしまいます。

この錯視は、白い部分を見ている目の視神経からの信号レベルが、周囲の黒い四角形の影響を受けて抑えられてしまうために起こるとされています。

しかし、網膜の中心部には、周囲の30倍ほども視神経細胞が集中しているため、錯視を起こしにくいのです。

◉ 見えないものが見えてくる

次に、図Lの白地部分をできるかぎり狭くしてみたのが、図Mです。白線が交差する部分にピカピカと黒い点が光って見えるはずです。

さらに黒と白の境目を灰色に塗ってみましょう(図N)。すると、ますます黒い点の輝きが激しくなったはずです。これは「バーゲンの錯視」と呼ばれる図形です。

図Oも見えないものが見えてくる錯視です。格子を描いた黒い線が途切れているだけなのですが、線の中心に白い円が見えてきます。これを「エーレンシュタインの錯視」といいます。

ヘルマンの格子錯視

図L

何もないはずの四角形の四隅にボンヤリとした灰色の点が…

図M

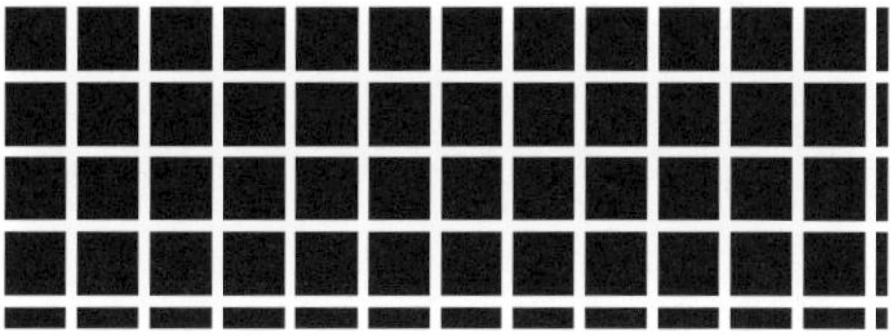

図Mの白地部分をできるかぎり狭くしてみると…

バーゲンの錯視

図N

さらに黒と白の境目を灰色に塗ると…

エーレンシュタインの錯視

図O

格子を描いた黒い線が途切れているだけなのですが…

8. これがUFOの正体か？
自動運動

フランス国立宇宙センターによると、過去50年間に報告されたUFO目撃情報は、なんと1600件以上に達するそうです。

これほどの目撃情報がありながら、いまだにUFOの正体はわかっていません。そのため、UFO懐疑派は「金星を誤認しているだけ」と主張することが多いようです。

しかし、目撃者たちの口からは「UFOはジグザグに動いていた」という言葉をよく聞きます。なぜ、動かないはずの金星が動いて見えたのでしょうか。

照明を落とした部屋の中で静止した光点をじっと見続けていると、実際は動いていないにもかかわらず、光点が不規則に動き始めたように見えます。これが「自動運動」という心理現象です。

◉ まるで動き出したように見える

目で物の動きを確認するためには、対象になる物体が必要です。それがないと、私たちは物の動きを正確に判断できなくなってしまいます。56ページで紹介した、波打ち際に立っていると自分の身体が動いているように見えてしまうという現象もそのひとつです。

「宵の明星」という言葉がある通り、金星が空にあらわれるのは日没直後で、周囲にはまだ星がほとんどありません。つまり暗い部屋の中に光点がひとつあるのと同じ状況です。

じっと見つめているうち、まるで金星が動き出したように見え、それをUFOと勘違いしたのかもしれませんね。

自動運動

9. 私たちの目は節穴だった？
目撃証言の信憑性

終戦直後に起きた事件のなかで、現在も多くの謎が残されているのが、1948年の「帝銀事件」です。これは、東京の帝国銀行椎名町支店で、行員らが青酸化合物を飲まされて12人が死亡、4人が重体となり、現金などが奪われた事件です。

犯人として逮捕された平沢貞通氏は裁判で犯行を一貫して否認しましたが、死刑が確定。しかし、平沢氏の死刑は執行されないまま、1987年に獄死しました。

この事件で犯人の顔を目撃した人は50名ほどおり、そのうちの34人は「平沢氏が犯人に似ている」「平沢氏は犯人と同一人物」と証言しました。ところが、「平沢氏は犯人ではない」と主張する人もいました。

◉24時間後に記憶の66％が失われる

実は記憶というのは、自分たちで思っているほどたしかなものではありません。せっかく覚えたことも、わずか30分で40％も消えてしまうのです。その後も忘却は進み、24時間後には66％、3日後には75％、そして30日後には80％が記憶から失われてしまいます。

犯罪の目撃者の場合、「役に立ちたい」「犯人をこらしめたい」という気持ちがあるため、記憶をつくり替えることがあります。

さらに、犯人とされる人物の写真を見せられたり、事件の背景についての情報を与えられると、それらの新情報が組み込まれて「自分の記憶」を再構成することもあります。

帝銀事件の概略

1948年1月、東京の帝国銀行椎名町支店に東京都の職員を装った男が現れ、「近くに集団赤痢が発生した。予防薬を飲むように」と行員らに毒物を飲ませ12人を殺害した。平沢元死刑囚が逮捕され、55年に死刑が確定。無実を主張し、再審請求と恩赦の申し立てを繰り返したが認められず、87年に95歳で獄死した
（出典◎「毎日新聞」2008年1月27日朝刊）

記憶の忘却の進行度

せっかく覚えたことも、以下のようなスピードで忘れ去ってしまうといわれています

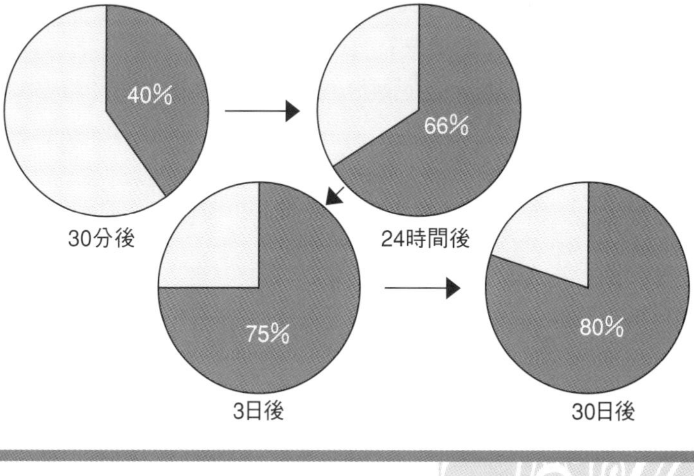

10. 火星に人面が発見された理由
パレイドリア

20年ほど前、写真週刊誌に「人面魚」なるものの写真が掲載されました。金色の鯉の頭部の模様が人の顔に見えただけのことなのですが、この写真は大反響を呼びました。

このように、ちょっとした模様やかたちが、動物や人の顔などに見える心理現象をパレイドリア(変像)といいます。

子供たちが雲を見て「ゴジラに見える!」と大喜びするのもパレイドリアですし、「幽霊の正体見たり枯れ尾花(幽霊だと思ったものをよくよく見てみると、風にゆれる枯れすすきだった)」という川柳もパレイドリアの典型です。

それが実際には「魚」や「雲」だとわかっていても、一度、人面やゴジラに見えてしまうと、なかなかその錯視から逃れられません。

◉ 人面岩の謎

最も有名なパレイドリアといえば、「火星の人面岩騒動」でしょう。これは、バイキング1号が撮影した火星表面の写真の中に、人の顔のような岩が映っているとして大騒ぎになったものです。

NASAは「偶然」といって取り合いませんでしたが、それでもこの騒ぎは収まりませんでした。

そこでNASAは、マーズ・グローバル・サーベイヤーによって撮影された写真を公開。人面岩に見えたものが、単なる岩だということを証明したのでした。

パレイドリア（変像）

「人面魚」のように、ちょっとした模様やかたちが、動物や人の顔などに見える心理現象を「パレイドリア」といいます

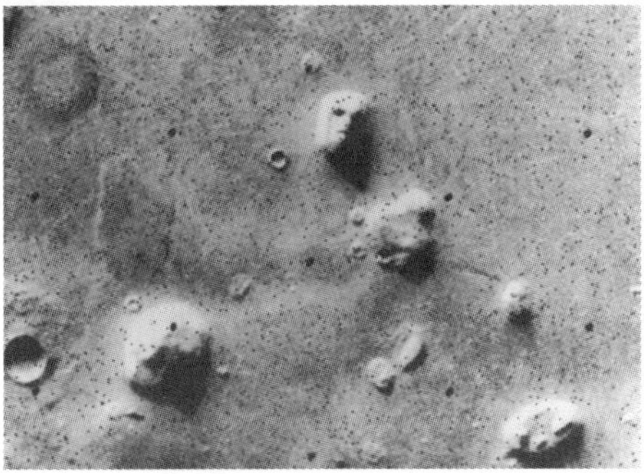

1976年7月、バイキング探査機による火星探査を実施していたNASAのジェット推進研究所は、バイキングが撮影した写真の中に、「人間の顔によく似た岩」が見つかったと発表しました。

ところが、この発表以降、この岩が実は人工的に作られたという説を唱える人が出てきました。それ以来、この「顔」は、「ザ・フェイス」（The Face）あるいは「サイドニア（シドニア）・フェイス」（Cydonia Face）などと呼ばれ、様々な憶測を呼んできました。

バイキング探査機が撮影した写真が人の顔に見えてしまったのは、おそらく撮影した際の太陽光の角度が低く（約20度）、岩の影がたまたま、目や鼻、口のように見えてしまったためではないでしょうか。

特に、人間が直感的に「顔に似たもの」を「顔」として考えてしまう傾向があるということは、火星の「人面像」に限らず、「人面岩」や「人面魚」などで、おなじみの現象といえます。

結局のところ、人面像は、火星の地形に、太陽光の角度が作用して起きた、「光と影の偶然」でしかなかったといえるでしょう。

（出典◎「月探査情報ステーション」）

11. インクのシミで見る深層心理
ロールシャッハテスト

スイスの精神科医ロールシャッハが1921年に考案したのがロールシャッハテストです。当初、このテストは「インクブロット（インクのシミ）テスト」と呼ばれていました。

その名の通りに、使われるのは、インクを数滴たらした白紙を二つ折りにしてできたシミで、それが何に見えるかで深層心理や精神状態を探ります。つまりこのテストは、前項で紹介したパレイドリアを利用したものといえます。

◉ テストには熟練が必要

このように、あいまいな刺激に対する反応を見て、心理分析をする方法は「投影法」と呼ばれます。投影法は、被験者の深層心理を探ることができますが、その反面、分析が難しく、テストには熟練を要します。

たとえば、右ページの図形を見て被験者が「女性の胸に見える」と答えたからといって、「性的欲求が強い」などと、簡単に判断できるものではありません。

正確に被験者の心理を分析するためには、反応内容（図を見せたときに、どんな反応をしたか）、決定因（知覚のどの部分が反応したのか）、把握様式（図のどの部分に反応したか）、反応時間（答えを出すまでにかかった時間）などを判断しなければなりません。

このテストの信憑性を疑問視する人もいますが、現在は航空大学校の入学試験や教員試験にも使われています。

ロールシャッハテスト

◎正確に被験者の心理を分析するには…

反応内容	図を見せたときに、どんな反応をしたか
決定因	知覚のどの部分が反応したのか
把握様式	図のどの部分に反応したか
反応時間	答えを出すまでにかかった時間

12. 絵に描かれているものは何か？ 反転図形

右ページの図を見てください。いったい何が描かれているでしょうか。「杯（壺）」という人と、「向かい合った人間の横顔」という人がいるはずです。これは、デンマークの心理学者ルビンが考案した「ルビンの杯」です。

実際に描かれているのはひとつの図形にもかかわらず、ふたつ以上のかたちを認識できる図形を「反転図形（多義図形）」といいます。最初は気づかなくても、一度気づいてしまうと、ふたつ（またはそれ以上）のかたちを認識できるでしょう。

不思議なのは、ふたつのかたちを同時に認識することができない点です。たとえばルビンの杯の場合、杯と横顔を同時に認識することはできません。

これは、視覚が「かたち」をひとつのまとまりとしてとらえようとするためとされています。

◉ 反転図形の3タイプとは

代表的な反転図形には、次の3タイプがあります。

1. 見つめているうちに違うものに見えてくる……ルビンの杯
2. 立体に二通りの可能性を確認できる図……ネッカーの立方体
3. 二通りの異なる意味の図を抽出することができる図……少女と老婆

ちなみに、オランダの画家エッシャーは、この反転図形を応用した作品を多数残しました。

ルビンの杯

見つめているうちに違うものに見えてくる「ルビンの杯」

ネッカーの立方体

立体に二通りの可能性を確認できる「ネッカーの立方体」

少女と老婆

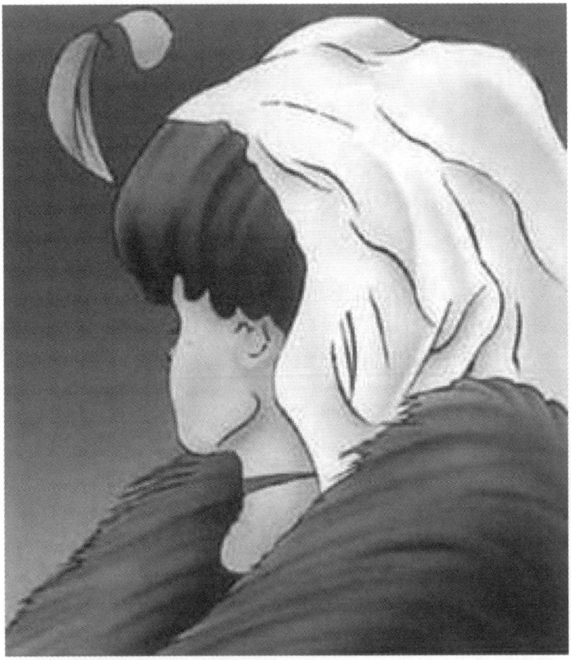

二通りの異なる意味の図を抽出することができる「少女と老婆」

第4章

深層心理を探る

1. 自覚のない心的内容とは?
無意識とは

無意識とは、人の行動や考え方、感情の表現などに大きな影響を与えているものの、本人にはまったく自覚のない心的内容を指します。

フロイトは神経症患者を治療する際、患者が意識できる葛藤だけを取り上げても症状がまったくよくならないという経験をしました。そこで彼は、普段は意識しないレベルの悩みや葛藤を精神分析によって明らかにし、それを本人に意識させるようにしました。すると、神経症の症状がみるみる改善したのです。

このとき、フロイトが患者に意識させたのは、ヤスパースのいうところの「現在は無意識だが気づくことができる領域」で、彼はそれを「前意識」と呼びました。さらに彼は、ヤスパースと同様に、前意識の深層部には無意識の領域があると考えました。

その無意識の領域は決して意識化されることはありませんが、大きな力を持っていて、常に前意識の領域に侵入しようと狙っています。そして、まれにそれが成功すると考えました。

◉ 集合的無意識が存在する

スイスの心理学者ユングは、無意識には個人的なものだけではなく、集合的無意識(普遍的無意識)も存在すると考えました。これは、個人の経験からではなく、民族や集団、我々の祖先の経験から生まれた無意識のこと。国が異なっても、似た内容の神話や伝説などが語り継がれているのは、この「集合的無意識」によるものです。

無意識とは

内的意識

カール・ヤスパース
1883～1969
ドイツの精神医学者・哲学者

❶ 意識
❷ 前意識
❸ 無意識

意識的に抑制された記憶や観念などは、前意識の領域にとどまると考えられていて、その前意識の深層部には無意識の領域があると考えられていました

集合的無意識

C・G・ユング
1875～1961
スイスの精神科医・心理学者

❶ 民族の経験
❷ 集団の経験
❸ 祖先の経験

たとえば、国が異なっても、似た内容の神話や伝説などが語り継がれているのは、この「集合的無意識」によるものとされています

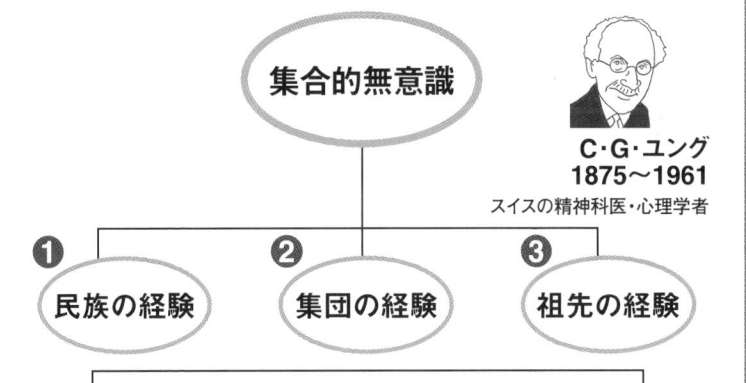

2. 優しさは生まれつきなのか
性格とは何か

私たちは、自分や他人を評するうえで「性格」という言葉をよく使います。しかし、性格の本当の意味を知っている人はそう多くはありません。「人格」と混同されることも多いようです。

心理学の世界では、人格は知性、感情、意思のすべてを含めた全体的な統一性を指すのに対し、性格は、そのなかの感情と意思――つまり「こころもち」の部分だけを指すのが一般的です。

◉ キャラクターとパーソナリティ

ところで、性格は「キャラクター」と「パーソナリティ」というふたつの部分から成立しています。

キャラクターは「刻みつけられたもの」、パーソナリティは「仮面」という言葉が語源です。

このことからもわかる通り、キャラクターは生まれつき、または遺伝的に受け継いだ(先天的)性格のことで、パーソナリティは成長過程に外界の環境から刺激を受けたことで完成した(後天的)性格を指します。

たとえば、「あの人は優しい」と言うことがありますが、その優しさが生まれつき(キャラクター)の人もいるでしょうし、本来は意地悪な性格だったが、後天的(パーソナリティ)に優しい性格になった人もいるはずです。

こう考えていくと、同じ「優しい人」でも、ずいぶんと印象が異なってくるのではないでしょうか。

性格と人格

人格

知性、感情、意思のすべてを含めた全体的な統一性のこと

性格

人格のなかの感情と意思、つまり「こころもち」の部分だけを指します

キャラクター

キャラクター＝「刻みつけられたもの」

キャラクターとは、生まれつき、または遺伝的に受け継いだ（先天的）性格のことです

パーソナリティ

パーソナリティ＝「仮面」

パーソナリティとは、成長過程に外界の環境から刺激を受けたことで完成した（後天的）性格のことです

3. 不安は未来への感情
不安と恐怖

心理学では、不安と恐怖は表裏一体のものとされています。

不安とは、自分の存在を脅かされる可能性のある危険やトラブルを漠然と感じたときに覚える不快な気分を指します。

それに対し恐怖とは、その漠然とした不安の対象が明確になったものです。言い方を変えると、不安は未来を考えるうえで生まれる感情なのに対し、恐怖はいままさに起きていることから生まれる感情です。

たとえば「学校帰りに野良犬に遭うとイヤだな」と考え、不快な気分になるのが「不安」。実際に野良犬に出遭い、家まで走って逃げ帰ったときの感情が「恐怖」です。

◉ 様々な不安の理論

不安についての理論には以下の3つがあります。

1. 精神分析的不安論……脅威の原因が外界にあり、危害や苦痛が予想されるものを「現実不安」、人間の内的衝動にあり、周囲の人だけではなく自分にも原因がわからないものを「神経症的不安」と考えました。

2. 行動理論的不安論……不安や恐怖は、苦痛によって条件づけられた反応だと考える理論です。

3. 認知論的不安論……不安は、出来事を驚異的だと認知することによって生まれる心の動きと考える理論です。自分では制御できない事態であるほど不安が強くなります。

不安と恐怖

不安

自分の存在を脅かされる可能性のある危険やトラブルを漠然と感じたときに覚える不快な気分。→未来に起きること

恐怖

漠然とした不安の対象が明確になったもの。→現在、起きていること

①精神分析的不安論

◎現実不安→原因が外界にあり、危害や苦痛が予想されるもの
◎神経症的不安→原因が内的衝動にあり、自分にも原因がわからないもの

②行動理論的不安論

苦痛によって条件づけられた反応

③認知論的不安論

出来事を驚異的だと認知することによって生まれる心の動きと考える理論

4. 劣等感は理想が高すぎるから

劣等感

劣等感は、様々な点において自分が他人や周囲よりも劣っていると考える否定的な感情です。

わかりやすい言葉で劣等感を説明したのが、精神分析医のホーナイです。彼女は劣等感を「所属感の欠如」と呼びました。

野球の名門高校に入学し、野球部に入ったとしましょう。周囲があなたより野球が上手い人ばかりだった場合、劣等感を感じるはずです。その劣等感の源は、「とてもではないが、自分は彼らのなかに入っていけない。自分は場違いだ」という気持ちです。これが「所属感の欠如」です。そして、自己嫌悪や悲しさ＝劣等感を感じるのです。

◉ 劣等感をバネにして成功する

劣等感は一般には悪いものと思われがちですが、心理学者のアドラーは「人間は劣等感を持っているからこそ、努力し、進歩するのだ」と語っています。

アドラーの指摘する通り、劣等感をバネにして成功を収めた人は少なくありません。野口英世が、手が不自由だった劣等感を克服して世界的な学者となったのは、そのよい例といえるでしょう。

ただし、自分の劣等感を隠そうとするあまり、他人に対して横柄な態度をとったり、攻撃的になる人もいます。

ところで、劣等感が強い人は理想が低いと思われがちですが、実は正反対です。劣等感の強い人は、理想や目標をとても高いところに置いているために到達できず、自己嫌悪や悲しさを感じているのです。

劣等感

5. 劣等感にも変化が生まれる

優越感

優越感とは、容姿や体力、知的能力、財産、社会的地位などの点で「自分が他人よりも優れている」とする感情です。

強い優越感を持っている人は、名誉欲や支配欲なども強い傾向があります。いまは表に出ていなくても、優越感が強い人は「有名人になりたい」「みんなより先に出世したい」「政治家になって日本を動かしたい」と考えていることが多いようです。

普段から「優越感が強いな」と感じている同僚が、「この仕事、お前に譲るよ」と言ってきたら、それは好意ではなく、あなたの脚を引っ張るための罠と考えた方がよさそうです。

◉ 他人のことを褒めたがらない人

優越感が強い人は自信家で意志が強い——こんな風に思いがちですが、実は優越感というのは不安定な感情で、ちょっとしたことで劣等感に変化してしまいます。

たとえば、昨日までは「俺は社内一仕事ができる」と鼻高々だった人も、わずかなミスを犯しただけで「俺は駄目な男だ」と言い出す可能性があるということです。

優越感の強い人は、様々な点で「自分の方が上」と考えているため、他人のことを褒めたがらず、けなすことが多いようです。そのため、会社や学校では「嫌な上司(先輩)尊大だ」「ナマイキな新人(後輩)だ」という悪い評価を受けてしまいます。

優越感

6. 言い間違いのなかの本音
錯誤行為

錯誤行為とは、「言い間違い」「聞き間違い」「書き違い」「読み違い」などのことです。

フロイトは「言い間違いのなかには無意識の意図や欲望が隠されている」と指摘しました。つまり、私たちが言い間違う言葉のなかにこそ、真実が隠されているということです。

たとえば、会議の進行役がいきなり「これから閉会いたします」と言ったとしましょう。これは、司会者が何らかの理由で会議を早く終わらせたい、この場から早く去りたいと考えていたために起きた言い間違いです。

以前、中学校の公民の教科書に「雪国はつらいよ条例」と書いてしまった出版社がありました。本来の単語は「雪国はつらつ条例」ですから、間違いやすいのは事実かもしれません。

しかし、教科書が出版されるまでには何度も校正が繰り返されます。それをすべて通り抜けてしまったということは、多くの人が「雪国は、生活するのに辛い」と考えていたという証明です。

◉ なぜ忘れてしまうのか

錯誤行為には、「忘れる」というものもあります。たとえば、たわいのない会話のなかで上司や知人の名前が出てこなかったり、昨日まで覚えていたのに、当日になって約束をど忘れしてしまうことがあります。これは、自分では意識していなくても、その人のことが大嫌いだったり、その約束を本当は実行したくない場合に起きる現象です。

錯誤行為

7. 満員電車が不快に感じる理由
パーソナルスペース

動物と同じように、私たちも「なわばり」を持っています。それが「パーソナルスペース」で、次の8つのゾーンに分かれます。

①遠い公衆距離……750cm以上離れている場合のことで、もはや一対一では会話をすることができない距離です。

②近い公衆距離……360〜750cm。一対一で会話することができる、ぎりぎりの距離のことです。

③遠い社会距離……210〜360cm。ビジネスの話をするときの距離です。もし、これ以上離れていると、ビジネスの話をしていても説得力がなくなります。

④近い社会距離……120〜210cm。相手に触れることができない距離。この距離から人を見下ろすと、相手に最も強い威圧感を与えることができます。

⑤遠い個体距離……75〜120cm。「友人の距離」ともいわれ、友だち同士なら、ここまで近づいても不快には思われません。

⑥近い個体距離……45〜75cm。相手の身体に少し触れることができる距離。異性の場合には、友人以上恋人未満の距離です。

⑦遠い密接距離……15〜45cm。自由に相手の身体を触れることができる距離。恋人や家族以外がこれ以上近づくと、不快に感じます。

⑧近い密接距離……15cm未満。肉体関係のある異性や、よい関係にある家族以外には入ることができません。

パーソナルスペース

1 遠い公衆距離
750cm以上
一対一では会話をすることができない距離

2 近い公衆距離
360～750cm
一対一で会話することができるぎりぎりの距離

3 遠い社会距離
210～360cm
ビジネスの話をするときの距離

4 近い社会距離
120～210cm
人を見下ろすと、最も強い威圧感を与える距離

5 遠い個体距離
75～120cm
友だち同士なら、不快には思われない距離

6 近い個体距離
45～75cm
異性の場合なら、友人以上恋人未満の距離

7 遠い密接距離
15～45cm
自由に相手の身体を触れることができる距離

8 近い密接距離
15cm未満
肉体関係のある異性や、よい関係にある家族の距離

8. 相手を真似ると好意を持たれる
シンクロニー現象

知らぬ間に、親しい友人や尊敬する先輩としゃべり方や仕草が似てくることがあります。これが、シンクロニー現象です。「一緒にいる時間が長いから似てくる」という人もいますが、嫌いな上司やクラスメイトといくら一緒にいてもシンクロニー現象はあらわれませんし、たとえ初対面でも意気投合して話が弾むと、表情や仕草にあらわれます。

このことから、シンクロニー現象は親しい人の間で生まれるものと考えていいでしょう。

さらにこのシンクロニー現象は、親しければ親しいほど頻繁に起こります。デートをしているカップルを見かけたら、脚の出し方が揃っているかどうか、歩くスピードが同じかどうかをチェックしてみましょう。

もし同じなら、二人の関係はうまくいっているはずです。逆に、夫婦でも歩くスピードが大きく違っていたら、あまりうまくいっていないと考えていいでしょう。

◉ 服装や趣味、食事の好みまで

シンクロニー現象には可逆性があることが知られています。わかりやすく言うと、わざと相手のしゃべり方や仕草を真似ていると、親近感を持たれやすいということ。親しくなりたい異性や尊敬する上司がいたら、その人の真似をしてみましょう。きっと親しくなれるはずです。

この現象はしゃべり方や仕草だけではなく、服装や趣味、食事の好みにまであらわれますから、服装や趣味を真似るのも効果的です。

第5章

夢分析

1. なぜ夢を見るのか？

夢

夢とは睡眠中に起こる心理現象のことで、覚醒しているときとは異なって非論理的なイメージが連続します。

睡眠にはレム睡眠とノンレム睡眠の2種類がありますが、夢を主に見るのはレム催眠のときです。レム催眠は一晩に4～5回、およそ90分に一回の割合であらわれ、5～20分の間続きます。夢の内容は思考的なこと(考えたこと)ではなく、感覚的なものがほとんどです。しかも、何かを「聞いた」というシーンはあまり登場せず、何かを「見た」という視覚に関するものが多くなります。まれにノンレム睡眠時にも夢を見ることがありますが、このときの夢は断片的で思考的な内容が多いといわれています。

ところで、私たちはなぜ夢を見るのでしょうか。はっきりした理由はわかっていませんが、次のようにいくつか仮説がたてられています。

◉ なぜ夢を見るのか

1. ストレス解消説……欲求を夢のなかで叶え、ストレスを解消する。

2. 情報整理説……覚醒中に収集した膨大な記憶を整理し、必要なものと不要なものに仕分けしている。夢は仕分けされている記憶から時々あらわれる。

3. 発達説……脳を発達させるために夢を見るのだという説です。夢を見るレム睡眠の割合は乳幼児の頃が最も長く、睡眠時間の半分にも達していますが、年齢とともに短くなっていきます。このレム睡眠の割合の減少が、この説の根拠になっています。

夢のメカニズム

レム睡眠とノンレム睡眠

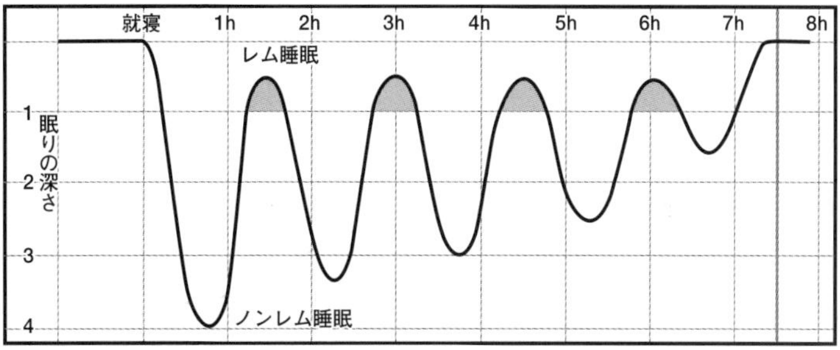

なぜ夢を見るのか

①ストレス解消説

欲求を夢のなかで叶え、ストレスを解消するという説

②情報整理説

覚醒中に収集した膨大な記憶を整理し、必要なものと不要なものに仕分けするという説

③発達説

脳を発達させるために夢を見るという説

2. 願望は「夢の作業」で加工される
フロイトの夢分析

夢の研究に初めて着手したのは、フロイトでした。彼は夢を見ているときに心を支配しているのは、普段は表にあらわれない深層心理と考えました。そして、夢は深層心理にある願望を仮に満足させるために見るものであり、その多くは性的なものと考えたのです。

それらの願望は「夢の作業」によって安全無害なものに加工され、夢(顕在夢)にあらわれると考えました。

◉夢にあらわれるもの

フロイトは、「夢の作業」を次の4種類に分類しました。

1. 圧縮……複数の願望がひとつに合体して夢にあらわれる。
2. 置換……重要な願望が他の願望として夢にあらわれる。
3. 形象性への配慮……そのままあらわすと都合が悪い性的な願望やイメージなどが、他のものにかたちを変えて夢にあらわれる。
4. 視覚化……本来、かたちのないはずの願望が、目に見えるかたちになること。たとえば、自分は同僚よりも早く出世したいという願望があれば、ビルの屋上からその同僚を見下ろしているというかたちになって夢にあらわれる。

ちなみに『夢判断』は、フロイトによって1900年に刊行された著作です。現在では、フロイトが残した偉大な業績のひとつとされていますが、当時、夢は科学の対象と考えられていなかったため、この著作はまったく評価されず、初版はわずか600部どまりでした。

夢と深層心理

フロイトによる「夢の作業」

①圧縮

複数の願望がひとつに合体してあらわれます

②置換

重要な願望が他の願望として夢にあらわれます

③形象性への配慮

そのままあらわすと都合が悪い性的な願望やイメージなどが、他のものにかたちを変えてあらわれます

④視覚化

本来、かたちのないはずの願望が、目に見えるかたちになることです

3. 夢は無意識が何かを表現する

ユングの夢分析

『夢判断』に感銘を受けたユングは、1907年にフロイトを訪ね、1911年には彼の推薦で国際精神分析学会の初代会長に就任するなど、蜜月を重ねました。しかし、その翌年に発表した「リビドーの変遷と象徴」でフロイトの考え方との違いを明らかとし、二人は論争の末に、訣別しました。

◉ フロイトとユングの解釈の違い

たとえばフロイトは、夢のなかにあらわれる願望の多くは性的なものがかたちを変えたものと考えました。そして、その源を探るため過去へ遡って夢分析を行ないました。それに対しユングは、夢は無意識が何かを表現したもので、フロイトのようにすべてを性的なものに歪曲して解釈すべきではないと考えました。

そして、夢が何を表現しようとしているのかを探ろうと、未来へ向かって分析を進めました。そのためユングは、オカルト的に考えられがちな「予知夢」も無視しませんでした。

ユングは夢を「客体水準」と「主体水準」に分離して分析しました。客体水準とは、たとえば夢に父親が出てきた場合、その夢は父親について語っていると素直に理解する考え方。それに対し主体水準は、夢に父親が出てきた場合、それが夢を見た人の内的イメージの象徴と理解する考え方です。

フロイトは主体水準だけで夢を分析しましたが、ユングはこのふたつを平行して分析し、その夢の持つ意味を明らかにしようとしました。

フロイトvsユング

フロイト

夢のなかにあらわれる願望の多くは、性的なものがかたちを変えたものと考えました

↓

訣別

↑

夢は無意識が何かを表現したもので、フロイトのようにすべてを性的なものに歪曲して解釈すべきではないと考えました

ユング

4. 4分の3を占めるのは「反復夢」

夢の種類

ひとくちに「夢」といっても、その内容は様々です。ユングは夢の内容から次の5つのタイプに分けています。

1．補償夢……意識のかたよりを補償し、精神のバランスを保つために見る夢です。

たとえば現実の場面では、誰かを裏切って大金を手にした人が、夢のなかではたくさんの人になじられたうえに全財産を失って大泣きして目が覚めるというケースがこれに当たります。

2．反復夢……日常的な経験や辛い体験がもとになって繰り返される夢です。とくに辛い体験の場合は、夢のなかで何度も同じ事を経験することによって、精神的耐性をつくり、トラウマにしないことが目的とされています。

3．展望夢（警告夢）……遠い将来の計画や目的が夢としてあらわれるものです。ただし、その内容は漠然としています。

4．予知夢……将来の計画とか目的が漠然とあらわれる展望夢とは異なったもので、将来に起きる出来事について細部まで予見した夢です。なんとなくオカルトめいて聞こえますが、ユングはこの予知夢を正式に認めています。

5．無意識の発現……無意識が夢にあらわれたもので、神話や聖書に描かれている内容と似たものになります。この夢がユングの「集合的無意識（82ページ参照）」発想のきっかけとなりました。

ユングによる5つの夢のタイプ

1 補償夢

意識のかたよりを補償し、精神のバランスを保つために見る夢です

2 反復夢

日常的な経験や辛い体験がもとになって繰り返される夢です

3 展望夢（警告夢）

遠い将来の計画や目的が夢としてあらわれるものです

4 予知夢

将来の計画や目的が漠然とあらわれる展望夢とは異なり、将来に起きる出来事の細部まで予見した夢です

5 無意識の発現

無意識が夢にあらわれたもので、神話や聖書に描かれている内容と似たものになります

5. 予知夢は論理的に説明できる
予知夢

誰でも将来に希望や目標を持っているはずです。私たちはその希望や目標に近づくための努力や行動を無意識のうちにしています。また、希望や目標自体を無意識のなかに閉じ込めているという人もいます。

この章の最初にも話した通り、夢というのは無意識の表現ですから、無意識のなかで自分がしたいと考えていることや希望、さらにそこへ到達するプロセスが夢のなかにあらわれ、現実にそれと同じ道筋を通って希望や目標へたどりつく――夢が現実のものになる（予知夢）のは、それほど不思議ではないのです。

◉ イニシャルドリームに出てくるものは

心理治療が始まって患者が最初に見る夢のことを「イニシャルドリーム」と呼びますが、この夢には治療の過程や、今後発見される重大な出来事などが登場します。

これは、患者自身が無意識のうちに望んでいることが夢となってあらわれたのです。

ただし、すべての予知夢が論理的に説明できるわけではありません。たとえば、ユングは次のようなケースがあったと書き残しています。

ある女性が、息子が崖から転落する夢を見ました。しかし、誰も取り合ってくれませんでした。

ところがそれから一週間後、彼女は「息子さんが殺されました」という連絡を受けたのです。事件現場に駆けつけた彼女は息を飲みました。そこは、夢で見た崖とまるで違わない場所だったのです。

予知夢

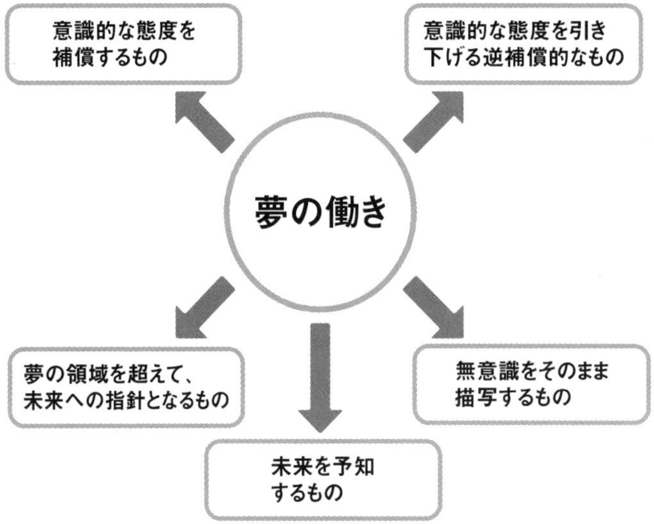

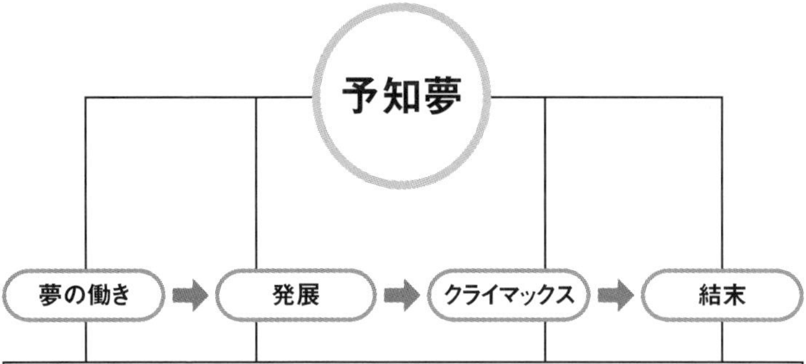

心理治療が始まって患者が最初に見る夢のことを「イニシャルドリーム」といいます。この夢には治療の過程や、今後発見される重大な出来事などが登場します。これは、患者自身が無意識のうちに望んでいることが夢となってあらわれるからです

6. ユングが出会った自分の分身
白日夢

覚醒中に、夢を見ているときに似た意識状態になることを「白日夢」といいます。「放心状態における空想」とも呼ばれ、一部の夢と同様に願望を満足させるためとされていますが、夢よりもリアリティに富んでいて、空想と現実との境目がはっきりしないのが特徴です。

年齢的には13〜16歳の少年期によく見ますが、内向的で感受性の強い人は、成人になっても見ることがあります。

「精神を病んでいるのでは」と不安になる人もいるようですが、白日夢は自分の意志で止めることができる(覚醒できる)ので、幻覚のように病的なものではないとされています。

◉ 空想的な会話に重要な内容が

一般的に無害なものとされていますが、白日夢のなかに閉じこもる時間が長くなると、現実世界でのコミュニケーションがおろそかになってしまい、問題になります。

実は、ユングも白日夢を見ることで有名でした。彼は白日夢のなかで謎の老賢者(自分自身の分身)と出会いました。その老人にはカワセミのような翼と牡牛のような角が生えていました。ユングはその老賢人をフィレモン氏と呼び、研究に関するアドバイスを仰いだそうです。

ユングはこのような空想的会話を「能動的想像」と名付け、フィレモン氏から受けたアドバイスを可能なかぎり書き取りました。そのなかには非常に重要な内容が数多く含まれていたそうです。

白日夢

7. 夢をコントロールする
明晰夢

明晰夢とは、夢として自覚しながら見ている夢です。最初は普通の夢だったものが、現実的な場面があらわれたことをきっかけに起こるケースが多く、一般の夢より鮮明なのが特徴です。

明晰夢を見る理由として挙げられているのが「悪夢の処理」です。自分の命が危険にさらされたり強い自己嫌悪を感じる夢を見ると、覚醒してからも落ち込みやうつ状態が続きます。

こんなときに悪夢を「夢」と判断することができれば、自分に都合のよい方向に夢をコントロールし、覚醒後のトラブルを防ぐことができるというわけです。

◉自覚しながら夢を見る

幼い頃には明晰夢をよく見るとされていますが、成人すると滅多に見なくなります。しかし、明晰夢を見るためのいくつかのトレーニング方法が公開されています。

1. ドリームリコール法……夢を覚えている能力をつけることは、明晰夢を見るための第一歩といわれています。

2. 二度寝法……5～6時間寝たら一度起き、1時間ほどしてから再び寝るように努力をします。これは、最も明晰夢を見やすい方法といわれています。

3. サイクル調整法……通常の起床時間のおよそ90分前に目覚まし時計などで起きるようにし、レム睡眠のサイクルを調整します。

明晰夢

夢として自覚しながら見ている夢

明晰夢

①ドリームリコール法

夢を見ているときでも意識が覚醒していて、その夢の展開を自在にコントロールする方法です

②二度寝法

5～6時間寝たら一度起き、1時間ほどしてから再び寝る努力をします

③サイクル調整法

通常の起床時間のおよそ90分前に目覚まし時計などで起きるようにする方法です

8. どうしてカラーの夢を見るの?

夢の色

「カラーの夢を見続けると頭がおかしくなる」こんな話を聞いたことはありませんか。もちろん、これは根も葉もない噂です。あるデータによると、世の中の85%以上の人がカラーの夢を見たことがあると答えたそうです。前出の話がもし本当だとしたら、世の中には頭がおかしくなりそうな人が溢れているということになってしまいます。

ではなぜ「カラーの夢を見続けると頭がおかしくなる」という話が広まったのでしょうか。その理由として考えられるのが、以前はカラーの夢を見る人が滅多にいなかったということです。

実際、アメリカの研究者が調査したところ、1950年代にカラーの夢を見る人はほとんどいなかったそうです。つまり、50年ほどでカラーの夢を見る人の割合が0%から85%にまで増加したのです。これには、カラーテレビの急速な普及も大きく関係しているそうです。

◉ カラーになる可能性について

夢に色がつくかどうかは見るものに大きく左右されます。カラフルなものを見る機会が増えれば増えるほど、夢がカラーになる可能性が高くなるのです。

1950年代には、テレビも映画もほとんどがモノクロでした。現実の世界で目にするものも、現在ほど彩色技術が進んでいなかったために、色にバラエティはありませんでした。それが、夢をモノクロに見せていたというのです。

夢の色

9. 裸で歩く夢は幼い頃への郷愁
定型夢

夢はまったく自由なものですから、10人いれば10種類の夢があってもおかしくありません。ところがフロイトは、多くの人がとてもよく似た内容の夢を見ることを発見しました。それが「定型夢」です。

そのなかでも次の4パターンは、特に頻繁にあらわれる夢として有名です。

1．裸で歩いていたり、服がなくて困っている夢……裸ではなく、みすぼらしい格好をしていて恥ずかしいというパターンもあります。共通しているのは、そんなあなたを見ても周囲は無関心ということです。

幼い頃には、裸でいても非難をされませんでした。つまり、裸でいる夢は、そのような幼い頃に戻りたいという願望のあらわれです。

2．家族や近親者が死んで、悲しんでいる夢……実際にその人の死を望んでいるか、幼い頃に「死んじゃえばいいんだ」と思ったことが夢となっています。

3．試験を受ける夢……子供の頃に、してはならないことをして叱られた記憶の再現です。準備不足で仕事や試験に挑もうとしているときに見ることが多いので、心当たりがあるときには改めて準備をし直せばいいでしょう。

4．列車に乗り遅れる夢……フロイトによれば、列車は「死」のシンボルだといいます。つまり「まだ死なないから安心せよ」という意味です。また、列車は社会的地位をあらわしているともされています。

定型夢

定型夢

多くの人が見るとてもよく似た内容の夢のこと

①裸で歩いていたり、服がなくて困っている夢

どちらにも共通しているのは、そんなあなたを見ても周囲は無関心ということです

②家族や近親者が死んで、悲しんでいる夢

実際にその人の死を望んでいるか、幼い頃に「死んじゃえばいいんだ」と思ったことが夢となっています

③試験を受ける夢

子供の頃に、してはならないことをして叱られた記憶の再現です

④列車に乗り遅れる夢

フロイトによれば、列車は「死」のシンボル。つまり「まだ死なないから安心せよ」という意味の夢です

10. 理想が高すぎる人は高所を飛ぶ
準定型夢

定型夢ほどではないが、かなりの頻度で見る夢を準定型夢といいます。準定型夢のなかから、代表的なものを紹介しておきましょう。

1．空を飛ぶ夢……多くの解釈がありますが、代表的な解釈は、自由への憧れ、独立したいという願望、自分の能力を発揮したいという考え、困難に立ち向かう気持ちなどです。自分でも驚くほど高いところを飛んでいるときは、自分の理想が高すぎるということ。逆に、高いところまで飛んで行きたいのに行けないという夢は、自信がないことをあらわしています。

2．高いところから落ちる夢……不安や無力感があることをあらわしています。具体的には、仕事や交渉の失敗や試験の不合格、トラブルをうまく処理できそうにないなどの不安を抱えています。滑り落ちる夢の場合には、体力や気力が落ちているという身体からの警告です。

3．人を殺す夢……物騒ですが、意外とよく見る夢です。実際にその人を殺したいと考えているわけではなく、自分が新しく生まれ変わりたい――つまり、転職や転居、再婚などを望んでいるときにも見る夢です。

4．追いかけられる夢……現状に何らかの不安を抱えていて、そこから逃げ出したいと考えています。追いかけて来るものから逃げ切れた場合には、その不安が解決に向かっていることをあらわしており、最終的に捕まってしまうのは、問題に正面から立ち向かうべきだという無意識からの指示です。

第6章

子供の心理

1. トイレのしつけに失敗すると?
固着

固着とは、幼少期の発達段階に学習する体験が不十分な場合に、大人になってもその段階に踏みとどまっていることです。

たとえば、乳離れが早すぎたり遅すぎた場合、「口唇期」に固着して口唇期的性格になり、成人になった後も唇に強い執着を残します。その結果、唇に触れるもの——たとえばタバコやアルコールが手放せなくなったり、指や爪を噛む癖が治らなくなります。

「肛門期」は、排便時に肛門に快感を得る1〜3歳くらいまでの時期のことを指します。この時期にトイレのしつけに失敗すると、肛門期的性格になるといわれています。

排便を我慢することに快感を覚えると、自分のものを手放したがらなくなってケチな性格になり、逆に排便を垂れ流すことに快感を覚えると、自分のものを手放して喜ぶ浪費癖があらわれます。

◉ 同性愛の傾向を見せるのは

トイレのしつけがすみ、4〜6歳になると子供は「男根期」を迎えます。異性の親に対する性的意識が芽生え、男の子は母親に、女の子は父親に対して強い興味を見せ、同性の親との間には葛藤が生まれます。この時期をうまくやり過ごせないと、男の子は自分の役割が女性と考えたまま成長して同性愛に向かう可能性が高くなり、自分の役割が男性だと考えたままの女性は、男勝りの負けん気の強い性格になったり、やはり同性愛の傾向を見せるようになるのです。

固着

固着

幼少期の発達段階において学習されるべき体験が不十分な場合、大人になってもその段階に踏みとどまります

口唇期

唇に触れるもの、たとえばタバコやアルコールが手放せなくなったり、指や爪を噛む癖が治らなくなります

肛門期

◎排便を我慢することに快感を覚えた場合
自分のものを手放したがらなくなってケチな性格に……
◎排便を垂れ流すことに快感を覚えた場合
自分のものを手放して喜ぶ浪費癖が……

男根期

◎男の子は……自分の役割が女性と考えたまま成長して同性愛に向かう可能性が高くなります

◎女の子は……男勝りの負けん気の強い性格になったり、同性愛の傾向を見せるようになります

2. 子供を追い込んでいませんか?
ダブルバインド

ダブルバインドとは、矛盾する二つのメッセージを与えられた者が、どうしたらよいかわからなくなり、精神的に追い込まれた状態を指します。

たとえばあなたが、食事中の子供に「きれいに食べなさいよ」と言ったとしましょう。子供はこの指示に素直に従って、こぼさないよう慎重に食事を進めます。すると普段より時間がかかりますから、あなたは「ぐずぐずしてないで早く食べなさい」と叱ってしまいます。

子供にとって、きれいに食べることと早く食べることは完全に矛盾していて、どちらの命令を優先すればよいのかわからなくなってしまいます。これが、ダブルバインドです。つまり、私たちは何気なく子供をダブルバインドの状態に追い込んでいることがあるというわけです。

◉ 統合失調症との関係

頻繁にダブルバインドを経験した子供は、しゃべらなくなる、相手の話を聞かなくなる、その場から逃げ出す、といった反応を示します。こんな素振りが見られたら、あなたの発言には矛盾があるのかも知れません。

ちなみに、精神科医のレインは統合失調症に悩む患者の多くが、幼い頃にダブルバインドを経験していたことを発見しました。

統合失調症の原因のすべてがダブルバインドとはいえませんが、関連がある可能性は高いとされていますので、子供への発言には注意した方がいいでしょう。

ダブルバインド

グレゴリー・ベイトソン（1904〜80）

父親は世界的に有名な生物学者のウィリアム・ベイトソン。アメリカの人類学・社会学・言語学・サイバネティックスなどの研究者。イルカのコミュニケーションの観察や精神病院でのフィールドワークから、1956年に「精神分裂症の理論家に向けて」と題する論文を発表し、その中で「ダブルバインド（二重拘束）」という概念で象徴される独自のコミュニケーション理論を展開した

ダブルバインドの典型的な症状

妄想型
言葉にあらわされていない意味にばかり偏執する

破瓜《はか》型
言葉の文字通りの意味にしか反応しなくなる

緊張型
コミュニケーションそのものから逃避する

3. 乳幼児期の甘えが足りないと アフェクションレス・キャラクター

愛想がよくて親しみやすそうなのですが、付き合ってみると愛情が感じられず、嘘をついたり他人の物を盗んで平然としている人はいないでしょうか。

もし心当たりがあるなら、その人は「アフェクションレス・キャラクター(情愛のない性格)」の持ち主かもしれません。アフェクションレス・キャラクターとは、成長後にあらわれる歪んだ性格のこと。ひどい場合には、残忍な一面を見せることもあります。

子供がこのような性格になってしまうのは、乳幼児期に父親や母親が不在だったり、または十分に甘えることができなかったためといわれています。甘えが足りないと子供は情緒不安定になり、性格が歪んでしまうというのです。

◉攻撃行動をとる猿

アメリカのハロー博士は、このことを実験でたしかめました。博士は、生まれて間もない二匹の小猿をAとBという別々の檻に入れ、Aの檻には針金で作った母猿の模型を入れ、Bの檻には本物の猿に似た感触の柔らかい布で作った母猿の模型を入れました。

すると、Aの檻で育った小猿は母猿の模型に興味を示しませんでした。成長した猿には協調性が不足しており、しかも激しい攻撃行動をとるようになったそうです。

アフェクションレス・キャラクター

ハリー・フレデリック・ハロー（1905〜81）

アメリカの心理学者。ウィスコンシン大学内に猿を使った研究所を設立。最初の頃は猿の学習能力に興味を持ち、大脳の特定部位の損傷と学習能力の関係を研究していたが、やがて、代理母親を用いて社会的接触、探索的行動、役割学習などについての研究を重ねた

4. 高層階の子供は自立が遅れる?

高層マンション症候群

首都圏を中心に高層マンションの建築がブームになっています。もはや40階はあたりまえ、なかには地上50階、高さ200メートルを超えるマンションもあります。

しかし、これほど高いところに住んで心理的影響はないのでしょうか?それをたしかめるため、東京大学医学部で都内の高層マンションに住む6歳以下の子供たちの心理調査を行ないました。

その結果、高層階に住む子供たちは、低層階の子供たちよりも自立が遅いことがわかったそうです。

たとえば、「自分で洋服を着ることができますか?」の問いに「はい」と答えた割合は、低層階が79%だったのに対し、高層階は48%。「靴が自分で履けますか」の問いに「はい」と答えた割合は、低層階が82%だったのに対し、高層階は48%に留まりました。

この他にも、日常のあいさつ、後片付け、整理整頓などの面で、高層階に住む子供たちのスコアが低いことがわかりました。これは、高層階に住む子供ほど外出する機会が少なくなり、親の干渉を受けることが多くなりやすいためだと考えられています。

ちなみに、高層マンションから心理的影響を受けるのは子供ではありません。

たとえば、高層階に住みたがる人は上昇志向が強く、周囲の人を見下す傾向があると指摘されています。

高層マンション症候群

高層階vs低層階の子供の自立について

◎ 自分で洋服を着ることができますか?　〈YES〉

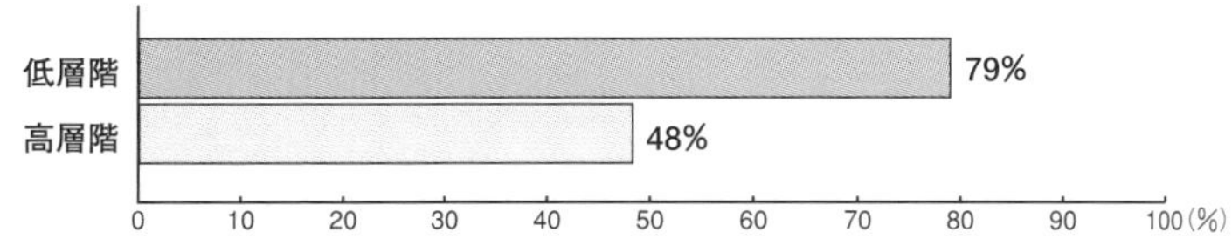

◎ 靴が自分で履けますか?　〈YES〉

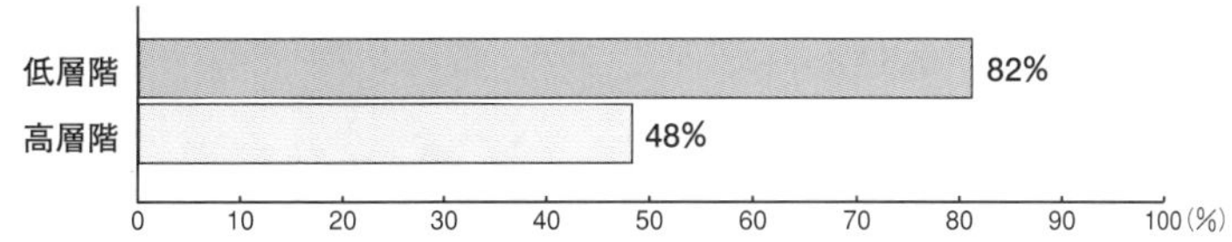

高層階の子供たちの一人で遊びに行く日数(1週間当たり)

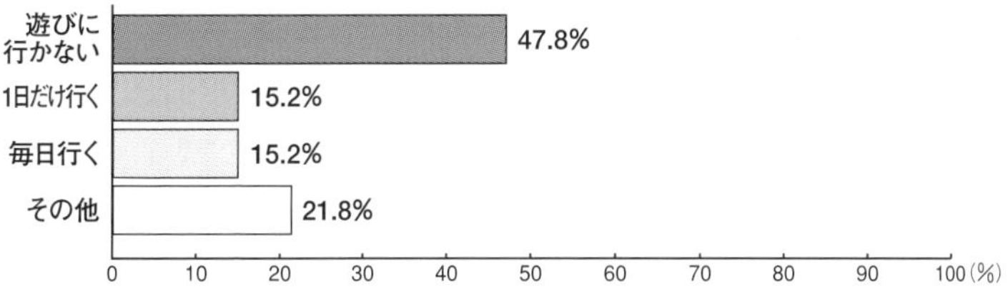

親がつき添って遊びに行く日数(1週間当たり)

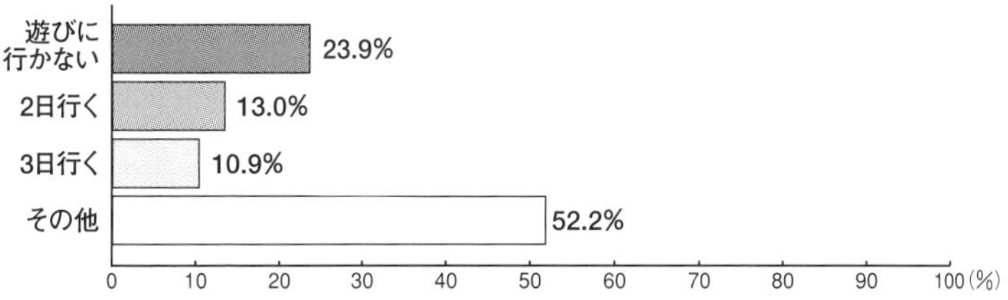

5. なぜイジメはなくならないのか
スケープゴート理論

文部科学省の調査によると、2006年度に全国で起きたイジメの件数は12万4898件だったそうです。前年と比べて6.2倍という極めて高い伸びです。その理由について同省は「イジメの定義を変更したため」と言っています。「自分より弱いものに一方的な攻撃を継続的に加え、相手が深刻な苦痛を感じているもの」が「一定の人間関係のあるものから心理的・物理的な攻撃を受け、精神的な苦痛を感じている」に変わったのですが、以前の定義が甘すぎたのではないでしょうか。

教師や親たちはイジメをなくそうと日夜努力しています。その努力を無駄だと言うつもりはありませんが、心理学的に考えると、残念ながらイジメはそう簡単にはなくならないようです。

◉弱者を攻撃してしまう

アメリカの人類学者ヘンリーは「集団の平和は一人の犠牲者がいることにより成り立つ」と主張しました。これを「スケープゴート（生け贄の羊＝旧約聖書に由来する）理論」と呼びます。学校に当てはめると、学校にはいじめられる人が必要不可欠」ということになります。

この傾向は、集団の不安が増大すると顕著になります。たとえば第二次世界大戦時に、経済危機の原因をユダヤ人に押しつけ迫害したドイツ人たち、関東大震災直後に起きた朝鮮人虐殺などがこれに当たります。責任の有無など考えずに、弱者や周囲と違いを見せる人たちを攻撃してしまったのです。

スケープゴート理論

イジメ（件）の認知（発生）件数の推移（昭和60年度～平成18年度）

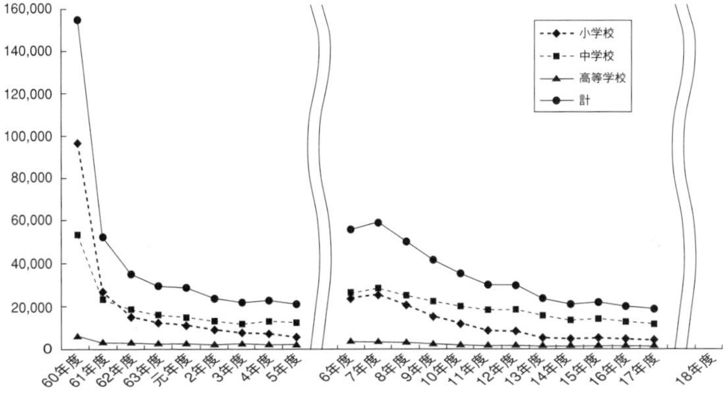

	60年度	61年度	62年度	63年度	元年度	2年度	3年度	4年度	5年度
小学校	96,457	26,306	15,727	12,122	11,350	9,035	7,718	7,300	6,390
中学校	52,891	23,690	16,796	15,452	15,215	13,121	11,922	13,632	12,817
高等学校	5,718	2,614	2,544	2,212	2,523	2,152	2,422	2,326	2,391
計	155,066	52,610	35,067	29,786	29,088	24,308	22,062	23,258	21,598

	6年度	7年度	8年度	9年度	10年度	11年度	12年度	13年度	14年度
小学校	25,295	26,614	21,733	16,294	12,858	9,462	9,114	6,206	5,659
中学校	26,828	29,069	25,862	23,234	20,801	19,383	19,371	16,635	14,562
高等学校	4,253	4,184	3,771	3,103	2,576	2,391	2,327	2,119	1,906
特殊教育諸学校	225	229	178	159	161	123	106	77	78
計	56,601	60,096	51,544	42,790	36,396	31,359	30,918	25,037	22,205

	15年度	16年度	17年度
小学校	6,051	5,551	5,087
中学校	15,159	13,915	12,794
高等学校	2,070	2,121	2,191
特殊教育諸学校	71	84	71
計	23,351	21,671	20,143

	18年度
小学校	60,897
中学校	51,310
高等学校	12,307
特殊教育諸学校	384
計	124,898

（注1）平成5年度までは公立小・中・高等学校を調査。平成6年度からは特殊教育諸学校、平成18年度からは国・私立学校も調査　（注2）平成6年度及び平成18年度に調査方法等を改めている。　（注3）平成17年度までは発生件数、平成18年度からは認知件数

（出典◎文部科学省「生徒指導上の諸問題の現状について」（概要））

6. イジメをなくすヒントは？
集団と攻撃性

イジメが生まれる理由にはもうひとつ考えられます。心理学者のレヴィンは10歳の子供たちを3種類の集団に分け、ある課題に取り組ませました。

1. 専制型集団……リーダーが独断で意思決定を行ない命令を下します。子供たちには計画の全体像は教えず、与えた仕事だけに専念させます。そして、仕事を上手に達成した子供に対しては褒め、下手な子供を叱責しました。

2. 民主型集団……リーダーは子供たちの意見を聞いて意思決定を行ないます。計画の全体像を子供たちにも伝え、みんなで協力しながら仕上げていきました。そして、仕事が上手な子も下手な子も平等に扱いました。

3. 放任型集団……子供たちにすべてまかせ、リーダーは指示もしませんでした。

学校やクラスには、先生という独断で意思決定をするリーダーがおり、生徒はよい成績を取ると褒められ、悪い成績だと怒られます。つまり、専制型集団によく似ていることになります。

実は、専制型集団に入った子供たちは、最も強い攻撃性を見せたのです。しかも、このときに攻撃されたのはグループ内の一人でした。そして、その一人がいなくなると新たな犠牲者が出ました。つまり、学校のイジメととてもよく似ている状況が生まれたのです。

集団と攻撃性

クルト・レヴィン
（1890〜1947）

ドイツで生まれ、アメリカで活動した心理学者。ゲシュタルト心理学を社会心理学に応用しホドロジー心理学を提唱。1940年にアメリカの市民権を取得。コーネル大学教授、スタンフォード大学教授を勤める。「部分としての個人の変化が、全体としての集団に及ぶと同時に、集団の変化が個人に及ぶ」という考え方を提唱

イジメが生まれる理由

①専制型集団

リーダーが独断で意思決定を行ない命令を下します。子供たちには計画の全体像を教えず、与えた仕事だけに専念させます

②民主型集団

リーダーは子供たちの意見を聞いて意思決定を行ないます。計画の全体像を子供たちにも伝え、みんなで協力しながら仕上げていきます

③放任型集団

子供たちにすべてまかせ、リーダーはなんの指示も行ないません

専制型集団に入った子供たちが、最も強い攻撃性を見せました
つまり、学校のイジメとよく似た状況が生まれたのです

7. 愛情で不幸の鎖を断ち切る
虐待の連鎖

虐待には暴力による身体的虐待と、暴言や無視によって行なわれる精神的虐待があります。このような虐待を親や保護者から受けて育った子供たちは心に大きな傷を負います。そして、そうした人たちが成人して子供を持つと、自分も親と同じように虐待をする可能性が高いことが知られています。

しかも、本人はそれをしつけと考えているのです。自分もそうして育てられたためる。しつけの価値観には、自分の体験が大きな影響を及ぼすので、罪悪感をあまり感じていないケースが多く見られます。

◉ 暴力はしつけではない

最近起きた幼児虐待事件を見ても、心臓病の子供の腹を20数回も殴って逮捕された男は、母親の暴力を受けて育ったと裁判で証言していますし、子供をタンスに押し込めて窒息死させた男は「自分のことを虐待した両親のことを今も憎んでいる」と供述しています。

さらに虐待を受けて育った人は、自分を傷つける人を愛する傾向があります。幼い頃から傷つけられた経験しかないため、傷つけられることに安心感を抱いてしまうのです。

つまり、虐待は連鎖して、結末には不幸しか待っていないということ。虐待されて育ったという不幸な過去を持つ人も、暴力や虐待はしつけではないと考え直し、自分のところで鎖を断ち切ることです。

虐待の連鎖

8. 子供の成績を伸ばす「期待」
ピグマリオン効果

日本には「教育は厳しく行なうべきもの」という考え方があります。「親に褒められた経験がない」という人は珍しくありません。

しかし、心理学者のローゼンタールの実験を見ると、突き放して育てるより、期待を込めて褒めた方がよい結果をもたらすようです。

彼はある学校で、生徒たちの一年後の成績を予想できるテストを行ないました。成績が予想できるというのは嘘でしたが、ローゼンタールは教師たちに、成績が伸びる可能性の高い生徒(実際にはランダムに選んだ)の名前を「本人には秘密にしておくこと」という条件を付けて教えたのでした。

それから8カ月後にもう一度テストをしたところ、「成績が伸びる可能性が高い」とされた生徒たちの成績が実際に上がっていたのです。

◉無意識のうちに行動にあらわれた

これは「成績が伸びる可能性が高い」と名指しされた生徒たちに教師が期待を持ち、それが無意識のうちに行動にあらわれたために起きた現象です。

教師たちは、期待を持った生徒たちが答えにつまづくとヒントを与えたり、解答するまでの時間を延ばす傾向が見られました。このことが、生徒たちの成績を向上させていたのです。

このように、他人にある期待を持つと、意識しなくてもその期待が達成される(実際に成績が伸びる)方向に動くことを、ピグマリオン効果といいます。

ピグマリオン効果

ロバート・ローゼンタール
（1933～　　）

アメリカの心理学者。1967年からハーバード大学の臨床心理学教授を勤める。ジェーコブソンとの共同研究で、教師の抱く期待が生徒の学習成績に影響を及ぼすことを明らかにした。この効果を「ピグマリオン効果」という

自分の描いた少女像に恋をして、その少女と結婚したギリシア神話の王様、ピグマリオンの故事から「ピグマリオン効果」と呼ぶが、研究開発者の名前をとって一般には「ローゼンタール効果」と呼ばれています。
正しい評価ではなくても、教師がすぐれていると評価した生徒の成績はよくなり、劣っていると評価された生徒の成績は悪くなることをいいます

9. なぜ「総領の甚六」なのか?

兄弟と性格①

20ページで、31年後に再開した兄弟がとても似ていたというエピソードを紹介しました。これはおそらく一卵性双生児だったためです。一般的な兄弟姉妹の場合、同じ屋根の下に住んでいても性格は違ってきます。

「総領の甚六」という言葉があります。「長男・長女にはお人好しが多い」という意味ですが、これは心理学的に見ても正しいようです。

◉ なりやすい性格がある

初めての子供は可愛いですし、どのように育てればいいのか手探り状態です。そのため、長男・長女には両親や祖父母たちの愛情がたっぷりと注がれ、いつも誰かがそばについて、何くれとなく世話を焼くことになります。

ところがある程度成長すると、今度は「早く一人前になってほしい」と望まれます。このように育つため、長男・長女は次のような性格になりやすいのです。

1. いつも誰かと一緒にいたがる(寂しがりや)
2. 他人頼りで、ストレスに弱い(依存体質)
3. 熟考してから実行に移す(慎重)
4. 面倒なことを避ける(逃避)
5. 自分の用事を平然と他人に押しつける(指導的)
6. 母親に口答えする(甘え)
7. 外面がよく、欲しいものがあっても我慢する(自制的)

兄弟と性格①

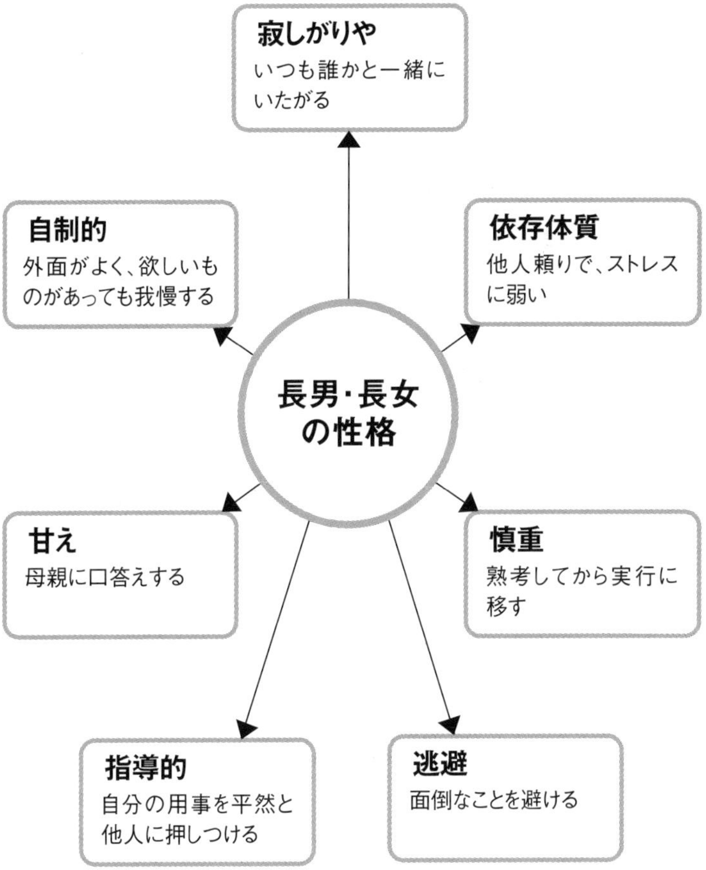
長男・長女の性格
寂しがりや
いつも誰かと一緒にいたがる
依存体質
他人頼りで、ストレスに弱い
慎重
熟考してから実行に移す
逃避
面倒なことを避ける
指導的
自分の用事を平然と他人に押しつける
甘え
母親に口答えする
自制的
外面がよく、欲しいものがあっても我慢する

10. 親の手抜きで生まれる社交性
兄弟と性格②

長男・長女だけではなく、第二子以降にも特徴的な性格があらわれます。第一子を育てた経験で、親には精神的余裕と子育てのノウハウが蓄積されます。この結果、親は育児に手抜きをしたり、子供を放置(ともに悪い意味ではありません)するようになります。

親から解放された子供は自由の素晴らしさを知り、快活で社交的な性格になるのです。

冒険心とチャレンジ精神に富んでいるのも、第二子の特徴です。チャレンジには失敗もつきものですが、一度や二度の失敗ではめげないので、最終的に成功することが多くなります。

◉ 末っ子の特徴は

「末っ子や一人っ子は甘えん坊」とよくいわれますが、心理学的に見ても当たっています。このような性格が形成されるのは、両親への依存度が高いからです。末っ子や一人っ子というのは親にことさら可愛がられ、保護されます。そのため、末っ子や一人っ子は両親を頼るようになってしまうのです。

この他にも、末っ子には次のような性格が見られます。

1. 自己中心的でわがまま
2. 協調性があまりみられず、非社交的なところがある
3. 競争心が不足気味
4. 飽きっぽい

第7章

男女の心理

1. 親しくなるなら近くへ引っ越す
近接性

私たちは、近い距離にあるものをひとつのまとまりとして見る傾向があります。夜空を見上げると、本来はバラバラの星がひとつの星座として見えるのもそのためです。こうした心理作用を「近接の要因」と呼びます。

実は、友人関係や男女関係ができあがるのにもこれと似た働きがあるのです。

アメリカの心理学者フェスティンガーは、友人関係がどのようにできあがるのかを、大学の寮へ引っ越してきた新入生を観察して調査しました。入寮から半年後、隣人と友人になった新入生の割合は41%でした。ところが、二部屋となりの住人と友人になった割合は22%、三部屋となりは16%と、物理的距離が近いほど友人関係になりやすい(ひとつにまとまりやすい)ことがわかりました。

◉ 3メートル以内は結婚が多い

「3メートル以内結婚」という言葉をご存じでしょうか。これは、学校や職場で3メートル以内に座っている人と結婚することが多いという意味です。風説のようなものですが、フェスティンガーの調査結果を見ると軽視するわけにはいかないようです。

小・中学生のときに席替えがあると、好きな人のそばに移りたいと思ったことはありませんか。

口の悪いクラスメイトは「近くに座ったからといって、何かが起こるわけじゃない」と言いましたが、それは大間違い。好かれたいと思ったら、その人に近づくことはとても大切だったのです。

近接の要因

レオン・フェスティンガー（1919～89）

アメリカの心理学者。1960年代に提唱した、認知を構成する要素相互の間に、不一致・不調和などが起きることを理論化した「認知的不協和の理論」はあまりにも有名。また、1960年の3月から7月にかけて来日し、東京大学で社会心理学を講義したことでも知られている。

入寮後半年間で友人になる割合

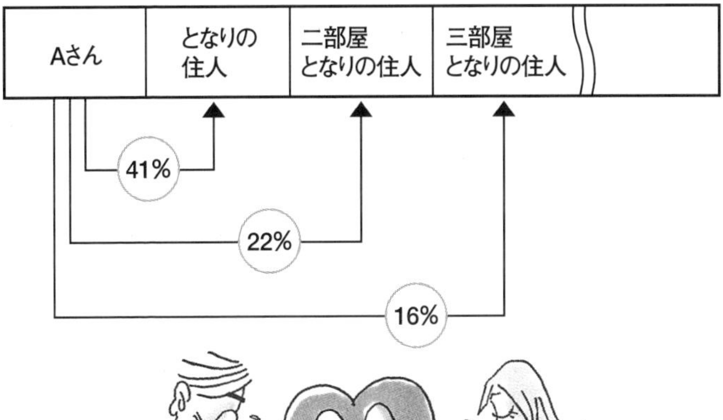

2. 何度も顔をあわせていると好きになる
単純接触効果

一度もしゃべったことがないのに、毎日通勤や通学時に見かける人に恋心を抱いてしまうことがあります。惚れっぽいだけと思うかもしれませんが、心理学的に見ると、そうなるのは当然のことなのです。

このように、会話や人間関係が一切なくても、顔をあわせた回数が多いだけでその人に好意を持つようになる心理のことを「単純接触効果」と呼びます。

タレントやモデルはCMに出演したことをきっかけに大ブレイクすることが多いようですが、これも単純接触効果です。テレビCMで何度も何度も顔を見せられるうちに、視聴者はその人に好感を持ってしまうのです。

◉ 好感度をアップさせるには

レストランや取引先に好みの異性を発見したら、いきなり「付き合ってください!」と告白するのではなく、まずは会う機会を増やすこと。そうすれば、あなたの好感度は確実にアップしますから、成功する確率は高くなります。

ちなみに、トップセールスマンと呼ばれる人たちは、「買うつもりはないよ」といわれたお客さんのところにも足繁く通い、雑談をするだけで帰ります。こうすることによって、お客さんに親近感を持ってもらおうとしているわけです。

お客さんが「買うつもり」になったときに指名するのは、当然、親近感を持ったセールスマンです。彼らも「単純接触効果」を利用して、チャンスを狙っているわけです。

単純接触効果

3. 愛があっても遠距離恋愛は×
ボサードの法則

若くしてIT企業の社長となり、時代の寵児と持てはやされた実業家は、「人の心も金で買える」と言ってはばかりませんでした。本当にお金で人の心を買えるかどうかはわかりませんが、人が様々な報酬を得ることで心を動かすのは事実です。

私たちは、常にコストと報酬の関係を考えながら行動しています。これを社会交換理論といいます。この理論に基づいて考えると、遠距離恋愛は成就しにくいことがわかります。

◉ 住んでいる場所と結婚の確率

たとえば、大阪に単身赴任した恋人に東京から会いに行くには時間と交通費というコストがかかります。それに対して得られるのは、恋人と過ごす楽しい時間という報酬です。

この報酬が大きいものならコストなど気になりませんが、恋人とちょっとでもギクシャクしたり、些細な喧嘩をしても、大きなコストを払うことに抵抗を感じるようになります。

また、近くにある程度の報酬を得られる相手(あまり親密ではないが、気になる異性)が登場した場合にも、コストと報酬の関係を考えると、こちらを選びがちになります。

事実、アメリカの家庭生活学者ボサードが5000組の夫婦を対象にして行なった調査によると、33%が半径5ブロック以内の距離に住んでおり、住んでいる場所が遠くなればなるほど結婚する確率は低かったそうです。

ボサードの法則

ボサードの法則

↓

物理的距離が離れるほど結婚する確率が低くなる法則

遠距離恋愛にみるコストと報酬（社会交換理論）

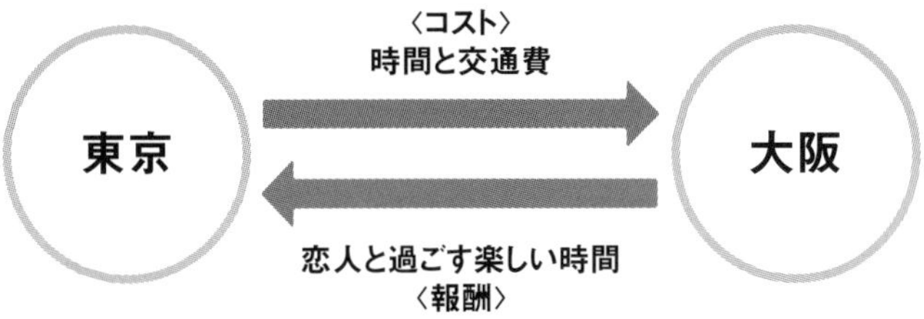

◎恋人とちょっとでもギクシャクしたり些細な喧嘩でも、大きなコストを払うことに抵抗を感じるようになります。

◎また、近くにある程度の報酬を得られる相手が登場した場合にも、コストと報酬の関係を考えてこちらを選びがちになります。

4. デートではカウンター席を予約
座る位置と関係

ファミリーレストランや居酒屋で、4人用の座席に案内されたにもかかわらず、横並びに座るカップルがいます。やっかみ半分で「わざわざ狭い思いをしなくてもいいのに」などと思ってしまいます。

しかし、この座り方は二人が個人的なかかわりや信頼関係を結んでもいいと考えている証拠なのです。

94ページでソーシャルスペース（なわばり）について解説しましたが、横並びに座ると、いやでも相手と密接距離（15〜45cm）をとるようになるわけです。

人の心の動きには可逆性がありますから、あなたのことを単なる友人としか思っていなくても、密接距離への侵入に成功すれば「恋愛感情を持っているから侵入を許したのだ」と思い込んでくれる可能性が大きくなるでしょう。

さらに、横並びに座ることによって「個人的な関係を結んでもいい」とも思い込んでくれるかもしれません。

◉ドライブデートの効果

レストランなどでカウンター席は下座扱いされていますが、異性との関係を深めたいなら、進んでカウンター席に座るようにしましょう。

意識せずに横並びできるのが自動車です。ドライブデートをすると、もっと親しくなれるという話をよく聞きますが、その秘密は運転席と助手席という横並びにあったのです。

座る位置と関係

5. 恋愛感情と生理的興奮度

吊り橋効果

デートの行き先として最もポピュラーなのは遊園地でしょう。なかでも東京ディズニーランドやディズニーシーは長く不動の人気を誇っているようです。

しかし、初デートのときには、もう少し過激なアトラクションのある遊園地を選び、相手にドキドキしてもらった方がいいかもしれません。

カナダの心理学者ダットンとアロンは、怖くてドキドキする吊り橋と平常心で渡れる普通の橋を複数の男性に渡ってもらい、そのときに出会った女性にどの程度の恋心を抱くかを調べました。

その結果、大きく揺れる吊り橋を渡った男性の方が女性に強く引かれることがわかったのです。

実験のカウントは、男性がその女性から聞いた電話番号に電話をかけるかどうかで判定されましたが、吊り橋を渡った男性は普通の橋を渡った男性の3倍以上の確率で電話をかけたのです。二人はこの実験結果から、怖いドキドキを恋愛感情と勘違いしたと決定づけました。これを一般的に「吊り橋効果」と呼びます。

◉ スポーツやホラー映画も同じ効果が

つまり、ジェットコースターなどに乗って感じた「ドキドキ」も、恋愛の「ドキドキ」と勘違いしてもらえる可能性が高いということになります。

要は相手をドキドキさせればいいわけですから、一緒にスポーツをしても、ホラー映画を観ても同じ効果が期待できることになります。

6. デートは美味しい店で
ランチョンテクニック

昔から、お見合いやデートには食事がつきものです。「緊張で食べ物が喉を通らなくなるから、食事なんかしなくてもいい」と言う人もいるかもしれませんが、異性との関係を深めるうえで食事はとても重要なのです。このことを証明するため、アメリカで次のような実験が行なわれました。

まず、複数の被験者たちをAとBの2グループに分け、Aグループは飲み物とおつまみが用意されている部屋に、Bグループは何もない部屋へ入ってもらいました。そして全員に、「今後10年以内に一般人も月旅行できるようになる」という意見を聞いてもらいました。

その後、その意見に同意できるかどうかを聞いたところ「同意できる」と答えた人の割合は、Aグループの方が圧倒的に高いことがわかりました。このように、食事をしていると説得されやすくなる心理傾向を「ランチョンテクニック」といいます。

◉「よい気分」を好意と感じてしまう

「僕と付き合ってください」「結婚を考えてください」というのも一種の説得ですから、食事をしながらの方が相手がイエスと言ってくれる可能性が高くなるわけです。

吊り橋効果では、橋の上のドキドキを恋愛のドキドキと勘違いしていましたが、このランチョンテクニックでは、食事をしているときの「よい気分」を、相手に対する好意と勘違いしてしまうのです。

7. 蒸し暑い場所での恋愛は難しい？

フィーリンググッド効果

相手の気持ちをつかむためにもうひとつ大切なのが環境です。心理学者のグリフィットは、気温と湿度が人の印象にどんな影響を与えるのかを次のような実験で明らかにしました。

彼は複数の被験者たちをAとBという2つのグループに分け、Aグループは室温38度、湿度60％という不快な部屋で待機してもらい、Bグループは室温23度、湿度30％という快適な部屋で待機してもらいました。しばらくして両グループが待機している部屋をCさんが訪れ、被験者たちと同じ内容の雑談を交わしました。

その後、A、B両グループにCさんの印象を語ってもらったところ、不快な部屋でCさんに会ったAグループの評価は低く、快適な部屋で会ったBグループの評価は高くなりました。

グリフィットは、環境が対人好感度に影響を与える現象のことを「フィーリンググッド効果」と呼びました。

◉ 依頼はよい香りの部屋で

対人好感度に影響するのは気温や湿度だけではありません。心理学者のバロンは被験者たちを、よい香りのする部屋と香りのしない部屋の二カ所に分け、面倒な仕事（内容は同じ）を依頼した場合の返事を比較しました。

その結果、男女ともによい香りのする部屋で依頼した方が応じてくれる人が多いとわかったのです。

フィーリンググッド効果

Aグループ
室温38度
湿度60%

Bグループ
室温23度
湿度30%

Aグループ、Bグループに
同じ内容の雑談を交わします

低い評価

高い評価

環境が対人好感度に影響を与える現象のことを「フィーリンググッド効果」と呼びます

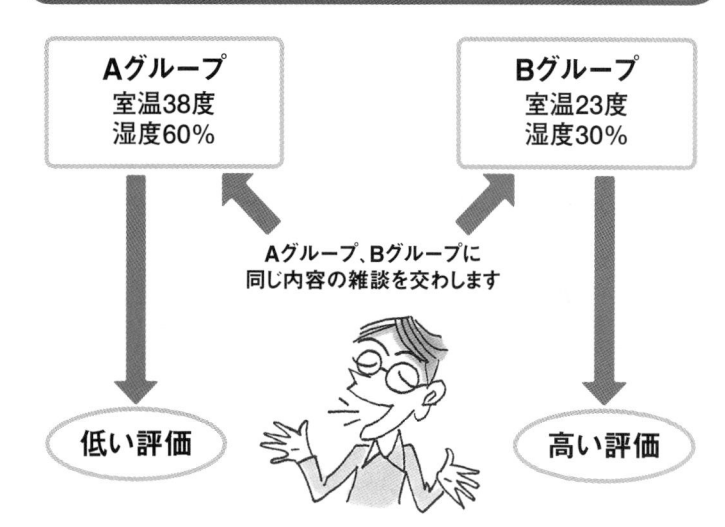

8. 太っていると思い込む女性たち
体型

ある調査によると、8割の女性が「少なくとも一度はダイエットをしたことがある」と答えたそうです。しかし、女性のなかには必要のないダイエットをしている人が少なくありません。

女子大生に「自分の体型についてどう思うか」というアンケートをとったところ、「自分は標準体型だと思う」と答えた人のBMIの平均値は19.2だったそうです。標準的なBMI値は22ですから、19.2というのは明らかなやせ型です。

また、「自分は太っていると思う」と答えた人のBMIの平均値も21.2と、標準に達していませんでした。つまり、女子大生のほとんどは、いま以上にやせる必要がないということです。

◉ ダイエットは骨折り損か

「男性によく思われたい」という理由でダイエットをしているなら、なおさらその必要はありません。男性に「自分が好む体型の女性の写真を選んでほしい」と依頼して、様々な体型の女性が被写体となっている写真を大量に見てもらったところ、男性は標準的な体型の写真を選ぶ傾向がありました。

ところが同じ依頼を女性にしたところ、女性にはかなりやせ型の体型を選ぶ傾向があったのです。

つまり、男性は女性が思っているほど、やせ型に魅力を感じないということ。ダイエットは骨折り損のくたびれもうけかもしれません。

BMI（ボディマス）指数

日本肥満学会によると、BMIが22の場合を標準体重であるとし、BMIが25以上の場合を肥満、BMIが18.5未満である場合を低体重としています。BMIの計算式は世界共通ですが、肥満の判定基準については国によっても多少の違いがあり、アメリカでは25以上を「標準以上」、30以上を「肥満」としています。

$$\text{BMI}＝\text{体重}(\text{kg})\div\text{身長}(\text{m})^2$$

（例）身長170cm, 体重70kgならBMI＝70÷1.7÷1.7で約24.2です。

BMIでわかる肥満度

BMI　25～30未満	肥満1度
30～35未満	肥満2度
35～40未満	肥満3度
40以上	肥満4度

9. 性器にコンプレックスを持つな
どこが魅力か

異性によく思われたいという気持ちがあるのは男性も同じこと。そして、女性と同じように男性も「魅力の在処」を勘違いしています。

心理学者のウィルソンは、男性には「女性が男性の身体のどこに魅力を感じると思いますか?」、女性に対しては「男性の身体のどこに魅力を感じますか?」という質問をしました。

その結果、男性が「ここだろう」と考えていることは、まったく的はずれということがわかったのです。

たとえば男性が「女性が最も魅力を感じていると思う場所」と答えたのは、「たくましい腕や胸板」で、その割合は39%にも達しました。ところが、たくましい腕や胸板を魅力的だと思っている女性の割合はわずか1%で、最下位だったのです。

また、男性の第二位になったのは「大きなペニス」で15%を獲得しましたが、女性のなかで、大きなペニスを魅力的と感じている人の割合は2%足らずでした。

◉ 小さなお尻が魅力

忙しい仕事の合間にジムへ通って筋肉をつけたり、ペニスの大きさにコンプレックスを持っている男性はたくさんいます。しかし、女性はそんなことは気にしていなかったのです。

では、女性が「最も魅力を感じる」と答えたのはどこでしょうか?　意外かもしれませんが、「小さなお尻」なのです。

どこが魅力か?

男性が思う「女性が男性に対し、最も魅力を感じる場所」

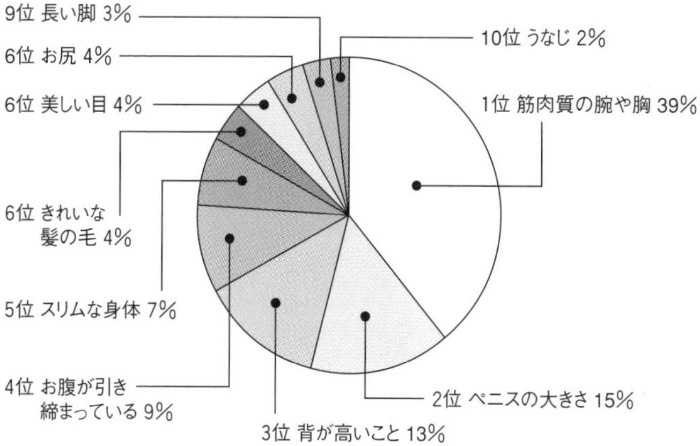

実際に女性が魅力的に感じている場所

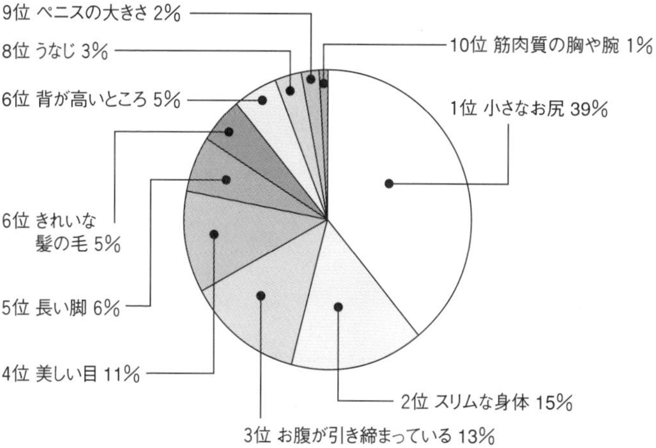

10. 反対するほど二人は燃え上がる
ロミオとジュリエット効果

小・中学校時代に母親から「早く宿題をやっちゃいなさい!」と怒られると、たとえやる気があっても、やりたくなくなったものです。このような天の邪鬼な心の動きを「心理的リアクタンス」といいます。これは、自由を侵害されたり行動を制約されると、それを回復しようとするために起きる現象なのです。

「未成年者はタバコを吸ってはいけない」と言われれば言われるほどタバコを吸ってみたくなるのも、「入手困難」とされる商品に異常なほど人気が集まるのも、すべて同じ理由です。

◉ 熱狂的なファンの心理

実は、恋愛にもこの傾向は見うけられます。心理学者のドリスコールが、140組のカップルの熱愛度(二人の相性)と妨害度(両親の反対)を調査したところ、妨害度が高ければ高いほどカップルの熱愛度が高いことがわかりました。

つまり、反対すればするほど、二人の結びつきは強くなり、逆効果になるということ。ドリスコールは、この心理傾向を「ロミオとジュリエット効果」と名付けました。

タレントに熱狂的なファンがいることも、この「ロミオとジュリエット効果」で説明することができます。タレントというのは一般人にとっては雲の上の存在で、滅多なことでは会うことができませんし、交際することなどまず不可能です。この困難さがファンたちの思いを過熱させるのです。

第8章

身体と心理

1. 体型でのイメージは当たるか？
クレッチマーの類型論

やせている人は神経質で、太っている人はおおざっぱな性格……こんなイメージがありませんか。実はそのイメージは「当たらずとも遠からず」なのです。

ドイツの心理学者クレッチマーは、体型と気質に大きな関係があると主張し、次の3タイプに分類しています。

①肥満型……クレッチマーの分類では「循環気質」といいます。開放的な性格で親しみやすく、周囲の環境に順応するのも得意なので、付き合いやすい人といえるでしょう。決断力もありますが、やや慎重さに欠けるため、仕事上で大きなミスをする可能性があります。

②やせ型……クレッチマーの分類では「分裂気質」といいます。緻密で繊細な神経の持ち主ですが、これが転じて神経質になることが多いようです。孤独を好み、自分の世界に閉じこもりがちです。社交性は低く、他人を批判することが多い人です。反面、自分を批判されると強い憤りを感じるようです。

③筋肉型……クレッチマーの分類では「粘着気質」といいます。粘り強く几帳面で、なにごとにも秩序を求めるタイプです。正義感が強く、曲がったことが大嫌いなので、このタイプと裏取引などをしようとするととんでもないことになります。

粘着気質が強くなりすぎると、融通がきかない性格になり、周囲から敬遠されるでしょう。

クレッチマーの類型論

ドイツの精神病理学者クレッチマーは、体型と気質に大きな関係があると主張し、以下の3つのタイプに分類しました。

肥満型
循環気質

全体的な特徴	社交的・親切・温厚
躁状態のとき	朗らか・ユーモラス・活発
うつ状態のとき	寡黙・平静・弱気

やせ型
分裂気質

全体的な特徴	非社交的・静か・控えめ・真面目
過敏なとき	神経質・興奮
鈍感なとき	従順・正直・鈍感

筋肉型
粘着気質

全体的な特徴	頑固・自己主張
粘着性	粘り強い・几帳面
爆発性	激怒・闘争心

2. 細胞と気質には一定の関係がある
シェルドンの類型論

アメリカの心理学者シェルドンは、クレッチマーの類型論を洗練させるために4000人以上の体型と気質のデータを収集し、人の気質を次の3つの胚葉型に分類しました。

①内胚葉型……消化器系に変化する内胚葉が発達したタイプで、クレッチマーの「循環気質」に当たり、温和で他人に対して優しい性格の持ち主です。

付き合いやすい人なのですが、責任感が希薄でのんびり屋のため、時間を守らなかったり、約束したことを忘れてもケロリとしています。

②中胚葉型……筋肉や骨に変化する中胚葉が発達したタイプで、クレッチマーの「粘着気質」に当たります。自己主張が強く力強いタイプのため、女性にモテることが多いようです。

ただし、自己主張が強くなりすぎると周囲との衝突が多くなり、仕事や友人関係でトラブルを起こしやすくなります。

③外胚葉型……神経系に変化する外胚葉が発達したタイプで、クレッチマーの「分裂気質」に当たります。感受性が豊かで芸術的才能に恵まれていることが多いようです。

幼い頃から身体が弱く、しかも社交性が低いため、子供時代にイジメを受けた経験を持つ人もいるようです。

大人になっても人付き合いが苦手なところは治らず、しかも内気で心配性なため、友人はあまりいないようです。

シェルドンの類型論

シェルドンは、クレッチマーの研究を踏まえ、正常人の統計的処理に基礎を置きました。そして体格や気質などの個人差を量的に示そうとしたところに彼の特徴があります

内胚葉型

クレッチマーの「循環気質」に当たり、温和で他人に優しい性格の持ち主です。
責任感が希薄でのんびり屋のため、時間を守らなかったり、約束したことを忘れてもケロリとしています

中胚葉型

クレッチマーの「粘着気質」に当たり、自己主張が強く力強いタイプのため、女性にモテることが多いようです。ただし、自己主張が強くなりすぎると、仕事や友人関係でトラブルを起こしやすくなります

外胚葉型

クレッチマーの「分裂気質」に当たり、感受性が豊かで芸術的才能に恵まれていることが多いようです。
内気で心配性なため、友人はあまりいないようです

3. 心的エネルギーが気質を決める

ユングの類型論

ドイツの心理学者ユングは、リビドー(一般的な心的エネルギー)が向かうのが外側か内側かによって、気質を次の2つに分類しました。

1．外向型……外界の事象に心的エネルギーが向くタイプです。外的なものによって知覚や思考、感情、好意などが決定され、社交的で決断力があり、陽気です。そのため社会的順応性が高く、友人も多いのが特徴です。

共同作業が得意で自信もあるので、仕事もうまくこなすことができます。ユーモアがあって感情表現も豊かなため、異性にも好かれます。

ただし、熱しやすく冷めやすいところがあり、仕事や交際が長続きしない傾向があります。また、周囲の意見や感情に影響されやすく、八方美人にもなりがちです。

2．内向型……主観的要因に心的エネルギーが向くタイプです。自分の殻に閉じこもりがちで、控えめです。しかも無口で融通もきかず、友人付き合いは苦手です。

積極的なアピールやパフォーマンスも苦手なため、実際の実力よりも低い評価を受けることが多いようです。

しかし、本人は我慢強く控えめなので、不当な評価を受けても反論しようとしません。

感情や感受性が強く、芸術的才能にも恵まれていますが、実行力に欠けるために、自分の考えを作品に仕上げるまでには、苦労がつきません。

ユングの類型論

クレッチマーが体型的側面から人の気質を分類したのに対し、ユングは心理的側面から人の気質を分類しました

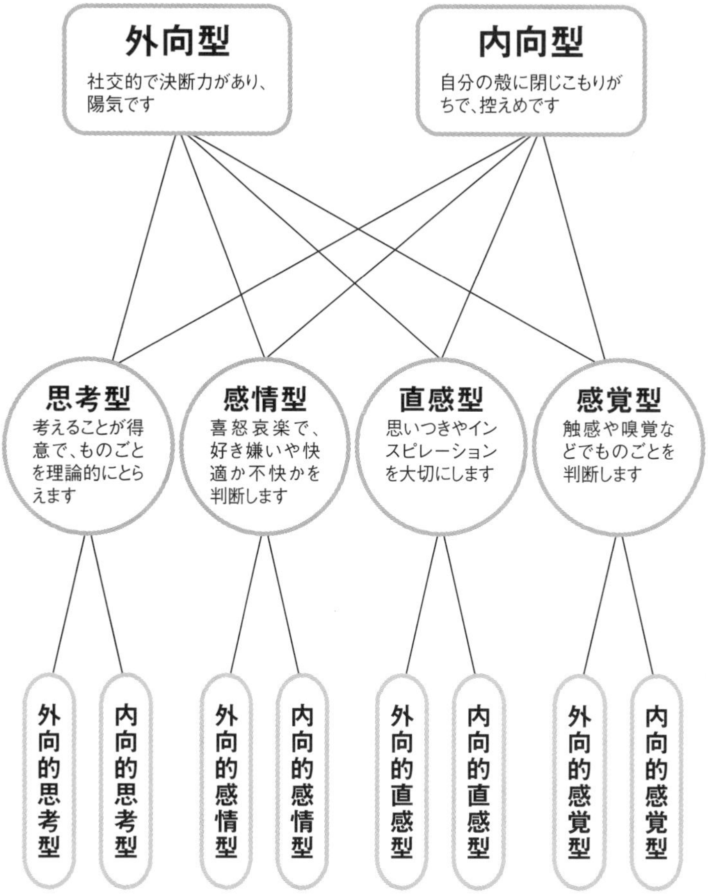
外向型
社交的で決断力があり、陽気です
内向型
自分の殻に閉じこもりがちで、控えめです
思考型
考えることが得意で、ものごとを理論的にとらえます
感情型
喜怒哀楽で、好き嫌いや快適か不快かを判断します
直感型
思いつきやインスピレーションを大切にします
感覚型
触感や嗅覚などでものごとを判断します
外向的思考型
内向的思考型
外向的感情型
内向的感情型
外向的直感型
内向的直感型
外向的感覚型
内向的感覚型

4. 女性的な面と男性的な面の考察
アニマとアニムス

ユングは，研究や治療で接した男性患者の夢のなかに、特徴的な女性像がたびたび出現することを知りました。彼はこの女性像が、男性の無意識のなかに潜む女性的な一面のことと考え「アニマ」と名付けました。

男性は社会的に承認されるため、「男らしさ」を示さなければいけません。アニマはそれを無意識のなかで補償する「女らしさ」というわけです。男性の場合、アニマは異性としての女性にも投影されます。

◉ アニマ像の成熟4段階

男性のアニマ像は、次のような4段階を経て熟成していきます。

1．生物学的な段階……アニマ像をセックスの対象にしか考えられません。性的な交わりが持てればどんな女性でも理想的に思える未熟な段階です。

2．ロマンチックな段階……セックスの対象にしか思えなかったアニマ像に人格を見出せるようになる段階です。つまり、相手の人格を尊重した恋愛ができるようになるということ。ただし、性的な魅力も感じているため、女性との関係はロマンチックなものになります。

3．霊的な段階……アニマ像に対して性的な魅力は次第に感じなくなり、汚すことのできない存在となっていきます。

4．叡智の段階……アニマ像に感じる性的な魅力はゼロになり、近づきがたい神々しさを感じるようになります。

ちなみに、女性に潜む男性的なものをアニムスといいます。

アニマとアニムス

アニマ	男性の無意識のなかに潜む女性的な一面
アニムス	女性の無意識のなかに潜む男性的な一面

男性のアニマ像の4段階

ステップ1

生物学的な段階

性的な交わりが持てればどんな女性でも理想的に思える未熟な段階です。

ステップ2

ロマンチックな段階

相手の人格を尊重した恋愛ができるようになります。ただし、性的な魅力も感じているため、女性との関係はロマンチックなものになります。

ステップ3

霊的な段階

アニマ像に性的な魅力は次第に感じなくなり、汚すことのできない存在となっていきます。

ステップ4

叡智の段階

アニマ像に感じる性的な魅力はゼロになり、近づきがたい神々しさを感じるようになります。

5. 深層心理があらわれる寝姿

寝相①

アメリカの精神分析医ダンケルは「寝相にも深層心理があらわれるはず」と考え、次のような4分類をしました。

1. 胎児型……横向きになり、膝を曲げて丸まって眠る人です。警戒心が強く自分の殻に閉じこもりがちなので、心ゆくまで人生を楽しむことができないという傾向があります。

開放的な人の場合でも、不安や心配事にさいなまれているときには、この寝相があらわれることがあります。

2. 王様型……仰向けで手足を伸ばし、大の字に眠る人です。自分に自信があり、社会的影響力を持っている人が多いようです。性格は開放的で個性が強く、寛大な傾向があります。

3. 横向き型……横向きですが、胎児型のように膝を曲げたり身体を丸めることがない人です。

自分の利き腕を下にして眠ることが多く、常識的で協調性に富んでいるため、社会への順応性が高いのが特徴です。性格が安定していて、状況が変化しても、あまり激しく感情をあらわしません。

4. うつぶせ型……顔や胸をベッドに押しつけて眠る人です。これは、母親にしがみついて独占しているかたちです。几帳面ですが自己中心的で、独占欲の強い性格です。

他人のミスに厳しく、許すことができなくて、それがストレスになるケースが多いようです。

寝相①

サミュエル・ダンケルによる寝相の分析

① 胎児型

横向きになり、膝を曲げて丸まって眠る人です。
警戒心が強く自分の殻に閉じこもりがちで、心ゆくまで人生を楽しむことができない傾向があります

② 王様型

仰向けで手足を伸ばし、大の字で眠る人です。
性格は開放的で個性が強く、寛大な傾向があります

③ 横向き型

横向きですが、胎児型のように膝を曲げたり身体を丸めることができない人です。
常識的で協調性に富んでいるため、社会への順応性が高いのが特徴です

④ うつぶせ型

顔や胸をベッドに押しつけて眠る人です。
几帳面ですが自己中心的で、独占欲の強い性格です。他人のミスに厳しく、許すことができなくて、それがストレスになるケースが多いようです

6. 女性の半数以上は胎児型で寝る
寝相②

イギリスのクリス・イドジコウスキー博士は、ホテルの宿泊客1000人を対象に調査し、「やはり寝相と性格には一定の関係がある」という結論に達しました。

イドジコウスキー博士の分析と分類は、ダンケル博士のものと微妙に異なりますので、以下に紹介しておきましょう。

1．胎児型……最もよく見られる寝相で、タフに見えますが、実は内気で繊細な神経の持ち主です。

2．兵士型……仰向けになって腕をわきにつけている寝相です。大人しくて思慮深いというのが特徴です。また、高い理想の持ち主でもあります。

3．丸太型……横向きになって手をまっすぐに伸ばす寝相です。社交的な性格で、友人をつくるのが得意です。ただし、人を信用しすぎる傾向があります。

4．十字型……丸太型の腕を広げた寝相です。丸太型とは正反対で、疑ぐり深い性格の持ち主です。頑固なところもあり、いったん決めたことは、余程のことがないかぎり変えようとしません。

5．自由落下型……うつぶせで、手を頭の両側に置く寝相です。社交的にふるまっていますが、実は神経質です。

6．ヒトデ型……仰向けで大の字になる寝相です。控えめで聞き上手な性格。自分が注目されることは望みません。

寝相②

クリス・イドジコウスキーによる寝相の分析

2003年にホテル（イギリス国内）の宿泊客1000人を対象に行なった調査結果

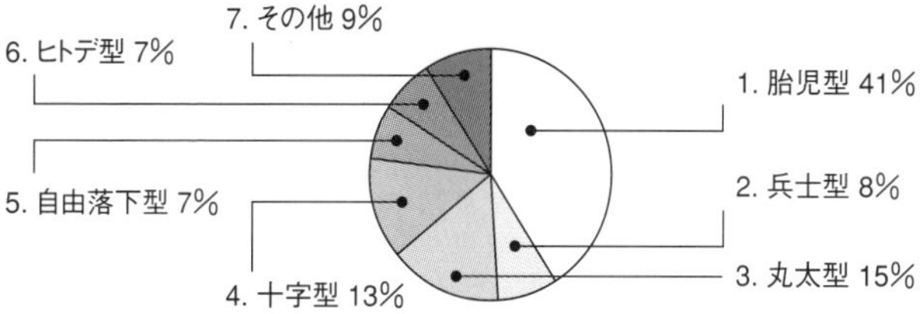

① 胎児型
最もよく見られる寝相で、タフに見えますが、実は内気で繊細な神経の持ち主です

② 兵士型
仰向けで腕をわきにつける寝相です。大人しくて思慮深いのが特徴です

③ 丸太型
横向きになって手をまっすぐに伸ばす寝相です。社交的な性格で、友人をつくるのが得意です

④ 十字型
丸太型の腕を広げた寝相です。丸太型とは正反対で、疑ぐり深い性格の持ち主です

⑤ 自由落下型
うつぶせで、手を頭の両側に置く寝相です。社交的にふるまっていますが、実は神経質です

⑥ ヒトデ型
仰向けで大の字になる寝相です。控えめで聞き上手な性格。自分が注目されることは望みません

7. 印象は話の内容では決まらない
非言語的コミュニケーション①

「はじめまして。私、○○と申します。よろしくお願いいたします」

たったこれだけの発言でも、私たちは相手に様々な印象を持ちます。なぜそのようなことが起きるのでしょうか。

実は、私たちが誰かと会話を交わすとき、言葉が相手に与える印象はわずか7%しか占めません。それに対し、表情や態度などが相手に与える印象は、話の内容のなんと8倍――55%を占めることがわかっているのです。

つまり、会話相手の印象を主に決めるのは、話の中身ではなく表情や態度ということなのです。

◉ 苦手意識は表情に出る

このように、言語以外の対人コミュニケーションのことを非言語的コミュニケーション(ノンバーバルコミュニケーション)と呼びます。

言語コミュニケーションには意図的、意識的な要素が多く含まれていますが、それに対し、非言語的コミュニケーションには無意識的な要素が多く含まれます。

つまり、無意識に「あの人は苦手だ」と思っている場合、言葉には出さなくても、表情や態度などにはあらわれてしまうということ。これでは、相手に反発されたり悪い印象を持たれるのは当然です。

ちなみに、印象を決める残りの38%は、パラランゲージという、しゃべり方や声質です。

非言語的コミュニケーション①

人の印象は何によって決まるか

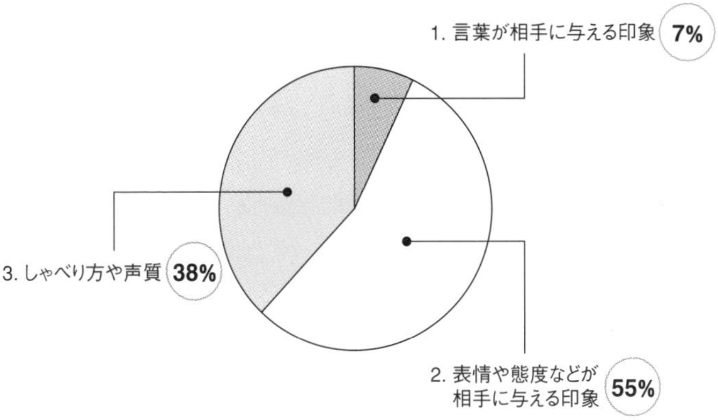

非言語的コミュニケーション

言語以外の対人コミュニケーションのことです

8. 上目づかいの人の話は要注意

非言語的コミュニケーション②

前項で「非言語的コミュニケーションには無意識的な要素が多く含まれる」と紹介しました。

つまり、会話中の表情や態度をチェックすれば、相手の本心や性格をかなり高い確率で察知できるようになります。そこで、一般的に会話中に見せる代表的な仕草をいろいろ紹介しておきましょう。

1. 豪快に笑う……無神経なようですが、実は細やかな情愛を持っている人です。裏表があまりない人にみられます。

2. じっと見つめる……自分に自信を持っているあらわれです。有言実行の人で、しかも周囲への配慮も忘れません。

3. 上目づかいで見る……ずる賢いことを考えている可能性があります。おいしい話を持ってきた人がこんな目つきをしたら、要注意と思わなければいけません。

4. 目をそらす……言っていることに自信がないことのあらわれです。普段からこのような仕草を見せる人は自己主張が弱く、あまり決断力もありません。

5. おどおどする……4と同様、自分の言葉に自信がない証拠です。チャンスを逃すことが多い人です。

6. 髪をしきりになでつける……話し相手や友人として付き合うにはよい相手です。ただし、執着心が強く、しつこいところがあるので、あまり深入りしない方がいいかもしれません。

9. 指をさすと嫌われる
ワンアップポジション

「みんなと同じことを言っているのに、なぜか私だけ嫌われる」こんな悩みを抱えている人はいませんか。もしかすると嫌われる理由は、あなたが無意識のうちにやっている仕草にあるのかもしれません。

その仕草の代表格が「指さし」です。他人を指さすことを「ワンアップポジションを形成する行為」と呼びます。わかりやすく言い換えると、指をさす行為は、人の上下関係を明確にするということです。

学生時代には先生に指をさされても不快に感じませんでした。それは、先生が明らかに自分より上位にいる人だったからです。上位とは思っていない人や初対面の人に指をさされると、自分が見下されていると無意識のうちに感じ、その人に対し不快な印象を持ちます。口では「あちらの方」「そちら様」と丁寧に言っていても、指さしをしてしまえば何の意味もないというわけです。

◉ ため息はストレスの発散

もうひとつ、無意識のうちにやっていて相手に不快感を与えることが多いのが「ため息」です。ため息というのは、ストレスを発散するときに出るものです。

それを目の前でやられた人は「私がなにかストレスを与えたのだろうか」と不安になり、その原因をあれこれ考えてストレスをためこむようになります。ストレスを与える相手とは一緒にいたくないと思うのは当然のことでしょう。

10. 精神のバランスをとる
本音は下半身にあらわれる

よく聞く言葉ですが、心のなかを表情にあらわさない人のことを「ポーカーフェイス」と表現します。とくに日本人は「感情をストレートにあらわさないのがよい」とされてきたため、相手の表情から本音を読み取りにくい傾向があるとされています。

もし、そんな人と対面してしまったときには、相手の下半身に注目してみるといいでしょう。

1. 貧乏ゆすり……イライラしているときにあらわれます。顔では笑顔を作っていても、不満がたまっていると見ていいでしょう。

2. 脚を頻繁に組み替える……10分に1回程度のペースなら問題はありませんが、5分に1回以上のハイペースになった場合、相手は、かなりストレスをためこんでいます。できれば、早めに話を切り上げた方がいいでしょう。

3. 両膝をピタリと閉じている……強い拒絶のサインと考えられます。あなた自身、もしくはあなたの意見は完全に拒絶されていると考えていいでしょう。

4. 軽く足を組む……リラックスしている証拠です。会話を楽しんでくれているか、あなたの意見に同意を示しています。ただし、大げさに足を組んだ場合には拒絶という意味です。

5. 膝とつま先がまっすぐ向いている……「あなたと友好関係を結びたい」というサインでしょう。

第9章

嘘の心理

1. 人間関係を円滑にする「嘘」の効果

嘘

嘘をつくのはいけないこと――私たちは、こう言われて育ってきました。事実、たくさんの出来事を分析して、なぜ起きているのかを知る「因子分析研究」という分野では、嘘は少年の非行や問題行動の大きな原因と考えられています。

しかし振り返ってみると、私たちは毎日嘘をついています。ということは、反社会的行動をしているのでしょうか。

人を傷つけたり損害を与える嘘は絶対に許されませんが、人間関係を円滑にするための嘘は、ある程度許されると考えていいでしょう。たとえば、褒め言葉やお世辞にだって、嘘が含まれていることは珍しくありません。

◉ 本音だけではコミュニケーションできない

嫌な上司や性格の合わない同僚に向かって、「あなたとは一緒に仕事をしたくない」「私の方が優秀だ」などと本音を口にすれば、会社にいられなくなってしまうはずです。このように、まったく嘘が許されない状況では、対人コミュニケーションがうまくいきません。

逆に、嘘でも、「上司にはいつもお世話になっています」「○○君は僕より優秀です」と話しておいた方が、周囲には「よくできた人物」という印象を与えることが多くなります。

ちなみに、どこまで嘘が許されるかについては、宗教的・文化的な要素が大きく関係してきます。

嘘と人間関係

2. 5つに分類できる 嘘の種類

誤りや間違いを「嘘」と考えられてしまうことがあります。でも、嘘というのは意図的に騙す目的のある表現なので、単なる誤りや間違いとは異なります。

心理学者のウィルソンは、嘘を次の5つに分類しました。

1. 自己保護のための嘘……非難や罰、ばつの悪さを避けるためにつく。たとえば、犯罪者が「自分はやっていない」と否認するのは刑罰を避けようとしているための嘘であり、犯罪行為を目撃していながら「見ていない」と言い張るのは、社会的非難などを避けるための嘘といえるでしょう

2. 自己拡大のための嘘……現実よりも自分を大きく見せるための嘘です。自分の能力や持ち物を自慢したり、注目を浴びるためです。

3. 忠誠のための嘘……ある人を護るためにつく嘘です。忠誠心の強さから生まれるため、強制されていなくても嘘をつくことがあります。代議士に責任が及ぶのを防ごうとして秘書が偽証するのも、このケースが考えられます。

4. 利己的な嘘……物質的な利益を得ようとしてつくものです。オレオレ詐欺をはじめとする詐欺行為もこれに当てはまります。

5. 反社会的な嘘……事実と異なる内容で人を非難したり、けなしたりして、その人を傷つけるものです。実際には見ていないことを「見た」と言い張り、根も葉もない噂を広めて、特定の人を陥れるような行為がこれに当たります。

嘘の種類

ウィルソンによる5つの嘘の分類

嘘
自己保護のための嘘
非難や罰、ばつの悪さを避けるためにつく嘘のことです
自己拡大のための嘘
現実よりも自分を大きく見せるための嘘です
忠誠のための嘘
ある人を護るためにつく嘘のことです
反社会的な嘘
事実と異なる内容で人を非難したりして、その人を傷つけるような嘘です
利己的な嘘
物質的な利益を得ようとしてつく嘘のことです

3. 子供が自立し始めた証拠
子供の嘘

母親に「子育て中に最もショックを受けた出来事は何ですか?」と質問したところ「子供に嘘をつかれたこと」という答えが最も多かったそうです。

純真無垢だと思っていた子供に嘘をつかれた母親のショックはわからないではありませんが、前にも紹介した通り、嘘は人間関係を円滑にする道具です。心理学者のホイトも「親に嘘をついたとき、子供は絶対だった親の束縛から自由になれる」と指摘しています。

ところで、子供の嘘は次の7種類に分けることができます。

◉ 嘘の種類を知ろう

1. 遊びの嘘……「ごっこ遊び」などで見られる嘘です。子供の社会性を育てると同時に、想像力や構想力も育まれます。

2. 能力の欠如による嘘……真実をそのまま報告する能力がまだ未熟なため、報告内容に嘘が含まれてしまいます。このタイプの嘘を叱るのはいけません。

3. 人の注意を引くための嘘……大人の「自己拡大のための嘘」に類似しています。成功の快感を与えると癖になるため、注意が必要です。

4. 報復のための嘘……嘘をつかれたことに対しての嘘です。

5. 罰を恐れるための嘘……大人の「自己保護のための嘘」に類似。

6. 欲しいものを得るための嘘……大人の「利己的な嘘」に類似。

7. 友だちをかばうための嘘……大人の「忠誠のための嘘」に類似。

子供の嘘

子供の嘘は7種類に分けることができる

1. **遊びの嘘**
想像力や構想力を育むための嘘

2. **能力の欠如による嘘**
真実をそのまま報告する能力がないための嘘

3. **人の注意を引くための嘘**
大人の「自己拡大のための嘘」に類似。注意が必要です

4. **報復のための嘘**
嘘をつかれたことに対しての嘘です

5. **罪を恐れるための嘘**
大人の「自己保護のための嘘」に類似しています

6. **欲しいものを得るための嘘**
大人の「利己的な嘘」に類似しています

7. **友だちをかばうための嘘**
大人の「忠誠のための嘘」に類似しています

4. 女性は嘘を見破るのが得意
男女の嘘

相手の印象を決定づけるのは、主に表情や声のトーンです。これは、考えていることや感情が無意識のうちにあらわれ、それを相手がやはり無意識のうちに読み取っているために起きるとされています。これを、それぞれ「符号化」と「符合解読」といいます。

わかりやすく説明すると、表情豊かな人は符号化能力の優れている人、KY（空気が読めない）な人は符合解読能力が低い人といえます。

符号化能力と符合解読能力は人によってまちまちですが、符合解読能力は、一般的に男性よりも女性の方が優れています。「女性は嘘や浮気を見破るのがうまい」といわれるのはそのためです。

◉嘘もバレやすいのが女性

ただし、女性は符合解読（嘘を見破る能力）だけではなく、符号化（嘘が表情に出る）も男性より優れている――つまり、意外と女性の嘘はバレやすいのです。

たとえば、男性は嘘をついているときに相手の目を見る時間が短くなります。これは、「あまり見つめられるとバレてしまう」と考えるための行動です。

ところが、女性の場合には嘘を信じ込ませようとして、逆に相手のことをじっと見つめてしまう傾向があります。男性は女性に見つめられると「自分に気があるのかな」と思い込んでしまうようですが、相手は嘘をついているのかもしれません。

男女の嘘

5. 言葉にあらわれる嘘

嘘を見抜く①

ほとんどの人は、嘘をつくときに緊張感や罪悪感を覚えます。それが、しゃべり方や声のトーンとしてあらわれることがあります。

相手の言葉の真偽をたしかめたいときには、次の点に注目してみるといいでしょう。

1. 同じ言葉を繰り返す……嘘をついていると、「この嘘をなんとか相手に信じ込ませなければ」という心理が働き、何度も何度も同じ言葉を繰り返して説得するような素振りを見せます。

2. 反応が早くなる……返事に時間がかかると「嘘がバレるのでは」と考え、普段より反応が早くなります。

3. 饒舌になる……人は心配事や恐怖などがあると、言葉数が多くなります。嘘がバレないかどうかも心配事や恐怖のひとつですから、余計なことまでペラペラしゃべってしまいます。

本人は嘘がバレないようにと思って理論武装しているのかもしれませんが、かえって相手に違和感を与えます。

4. 声が小さくなる……大きい声を出すと嘘がバレるのではないかと思うためにあらわれる反応です。逆に、相手を説得しようとして普段より大きな声を出す人もいます。

5. 言葉が抜け落ちる……ひどく緊張している証拠です。この他にも、口ごもる、声がかすれる、話の内容がちぐはぐになるなどの変化があらわれてきます。

6. 手の動きとまばたきにあらわれる
嘘を見抜く②

嘘は、無意識のうちに身体の動きにもあらわれます。身体の中でも、とくに嘘がハッキリとあらわれるのは「手」です。

そこで、手の動きがあらわす代表的な「嘘」について、いくつか紹介しておきましょう。

1. 口を隠す……手を口にやるのは、嘘を言っているところ、つまり口を隠したいと考えているためです。

2. 鼻に触れる……口を隠すと嘘がバレてしまうと考え、手の行き先を鼻に変えることが多くなります。嘘をついていると緊張して鼻の粘膜が乾き、そのため鼻に触れる回数が多くなるという説もあります。

3. 手を隠す……手の動きで嘘がバレるのではないかと恐れ、ポケットの中に入れたりテーブルの下に隠したりします。

4. 指を弄んだり、メガネに頻繁に触れる……たいへん緊張している証拠です。

5. 話題が核心に近づくと、タバコを手にする……喫煙者は緊張すると無意識のうちにタバコに手を伸ばすことが知られています。

手の動き以外で注目したいのは、まばたきの回数です。私たちは普段、1分間に20回の割合でまばたきをしていますが、嘘をつくとまばたきの回数が多くなります。

ただし、180ページでも紹介した通り、女性の場合は逆に回数が少なくなることがあります。

7. 罪悪感が希薄な人はバレにくい
見抜けない嘘

嘘の見破り方をいくつか紹介してきましたが、なかには嘘をついても、まったくそれが口調や身体の動きにあらわれない人もいます。

とくに、見抜くことのできない嘘をつくような人には、次の3タイプがあります。

1．罪悪感が希薄な人……ほとんどの人は嘘をつくと罪悪感を覚えます。これが口調や身体の変化としてあらわれるわけですが、罪悪感が希薄な人は、そのような変化があらわれにくいのです。

たとえば、保険金目的で殺人、殺人未遂などの罪に問われて死刑が確定した人物は、逮捕前から一貫して無実を主張し続けました。その表情には自信が満ち溢れていて、一切の動揺や緊張は感じとれませんでした。これは、罪悪感が希薄なことを示していると思われます。

2．自分でも嘘を本当だと信じ込んでしまう人……コルサコフ症候群という病気があります。これにかかると記憶が欠落してしまい、その欠落した部分を補おうとします。そして自分に都合のよい話を作りあげてしまいます。しかも、本人も「本当だ」と思い込んでいるため、嘘だと見破ることができません。

3．嘘をつくことに慣れている人……嘘をついたり人を騙すことに慣れていると、緊張せずに嘘をつけるようになります。常習の詐欺師の場合には、人を騙すことに快感も覚えるため、なおさらバレにくくなります。

見抜けない嘘

罪悪感が希薄な人

見抜くことができない嘘をつく人の3つのタイプ

自分でも嘘を本当
だと信じ込んでしまう人

嘘をつくことに
慣れている人

8. 質問には答えず逆に質問を返す
嘘のつき方

嘘をつくことを奨励するわけではありませんが、どうすれば見破られずに嘘をつけるか、紹介しておきましょう。

まず大切なのが、その嘘をできるだけ「本当だ」と思い込んでおくことです。前ページでも紹介しましたが、自分で嘘を本当だと思い込んでいると、バレにくくなります。

たとえば、あなたが会社の買収を知る立場にいたとしましょう。こんなときはあらかじめ「自分は何も知らない」と何度も何度も繰り返し、自分自身にそう思い込ませておくことです。

「○○社に買収されると聞きましたが…」とズバリ聞かれたときには、明確な返事を避け、「お宅の会社も△△社との合併が噂されているそうですね」と、質問を返すようにします。すると、相手は質問されたことに神経を集中するため、話題をそらすことができます。

このように質問を質問で返す話法は、アメリカの警察が潜入捜査などで使っている心理テクニックのひとつです。

◉ 相手の警戒心を解く表現

自分でも「信憑性が低いな」と思う話を相手にするときには、「小耳にはさんだが」「某所で聞いたけれど」という前置きとともに話をしましょう。第三者から聞いた、という表現が相手の警戒心を解くため、信憑性の低い話でも信じてもらいやすくなります。

9. 嘘をつくときは顔の左側を隠す
サッカイム左右非対称性の実験

嘘をつかざるをえなくなったときの注意点がもうひとつあります。それは、相手に自分の顔の左側を見せないことです。なぜなら、人は顔の左側に本音が出るとされているからです。

心理学者のサッカイムは、次のような実験でそれについて証明しました。彼は、被験者たちにある人物の写真を複数見せ、「この人は、いまどんな感情を持っていると思いますか」という質問をして、その結果を分析したのです。

実はこのとき被験者たちに見せた写真は、ある人物の顔を中心線でカットし、右側だけの顔と左側だけの顔で合成したものでした。

また、人は会話をするときに相手の顔の左側に注目するという研究もあります。これは、相手の感情や本心をできるだけ正確に読み取ろうとして、私たちが無意識にしていることです。

◉ 相手の左側に座るのがポイント

嘘がまったく表情にあらわれないという人は滅多にいません。うまくついたはずの嘘が相手にバレるのは、その微妙な表情の変化を読み取られているためです。ならば、よりあらわれやすい顔の左側を相手に見えないようにするというのが、嘘がバレにくくなる秘訣です。

つまり、相手の左側に座るのがポイントということになります。この位置なら、自分の左側の表情を隠しながら、相手の左側の表情をじっくりとチェックできます。

10. 数字を切り刻むと安く感じる
数字の嘘

テレビを観ていると、「1日当たり500円」とか「1日わずかコーヒー1杯分」というキャッチコピーを使っている保険会社のCMをよく見かけます。よくよく聞いてみると引き落としは1カ月単位ということなので、支払い額は毎月1万5000円(500円×30日)になります。「1日当たり500円」と「毎月1万5000円」は同じ金額ですが、なぜか前者は「安い!」、後者は「高いな」と感じるから不思議なものです。

これを「嘘」と指摘するのは厳しすぎるかもしれませんが、このように数字を小さく切り刻むことで、聞いた人たちが「安い!」と誤解するのは事実です。

数字が小さくなると安く感じるのは、お金を支払う人の心理負担が小さくなるためです。テレビやクルマなどの高価な商品も、○○回払いのローンだと比較的抵抗なく買えるのですが、これも月々の支払い額が比較的安価なためです。

◉ 1時間20分は80分に

逆に数字自体は増えても、単位を換えることで心理負担を小さくするテクニックもあります。

たとえば、1時間20分を80分と言い換えると時間が短くなった気がしませんか。これも広告によく見られる手法で、マンションや建て売り住宅などの広告には「東京駅まで1時間20分」ではなく、「東京駅まで80分」と記載されているものが多いようです。

第10章

組織の心理

1. 筆跡だけで性格がわかる
筆跡心理学

最近の新卒採用状況は、「青田買い」どころではなく、「種もみ買い」といわれるほどの買い手市場だそうです。大企業でさえ、優秀な人材を集めるのに苦労しているとか。ところが、ようやく採用した新人も、3年以内に3分の1が辞めてしまうというのです。

辞めない人材を採用したかったら、面接時に次のような筆跡心理鑑定をしてみるといいかもしれません。心理鑑定といっても、いたって簡単。利き腕の人差し指で額に「会」と書いてもらうだけです。

◉ 自分の目と面接官の目

心理鑑定のポイントは、自分から見て正しく読めるように書いたか、それとも面接官から見て正しく読めるように書いたかです。

1. 面接官から見て正しく読めるように書いた人の性格……公的自己意識といい、まわりの人にどう見られているかを気にする人です。

会社や上司の命令をよく聞き、あまり我を通さないタイプですが、公的自己意識が強くなりすぎると、組織のなかにいることに耐えられなくなってしまいます。

2. 自分から見て正しく読めるように書いた人の性格……私的自己意識が高く、まわりの人にどう見られているかをあまり気にしない人です。エンジニアやデザイナーなど、個人の才能が求められる職業に向いています。

また、個性的な社員や才能を求めている場合には、このタイプを採用するといいかもしれません。

筆跡心理学

面接時に役に立つ筆跡心理鑑定

利き腕の人差し指で額に「会」という字を書いてもらいます。

↓

面接官から見て
正しく読めるように
書いた人の性格

↓

公的自己意識

↓

まわりの人にどう
見られているかを
気にするタイプ

会社や上司の命令をよく聞き、あまり我を通さないタイプです

↓

自分から見て
正しく読めるように
書いた人の性格

↓

私的自己意識

↓

まわりの人にどう
見られているかを
気にしないタイプ

エンジニアやデザイナーなど、個人の才能が求められる職業に向いています

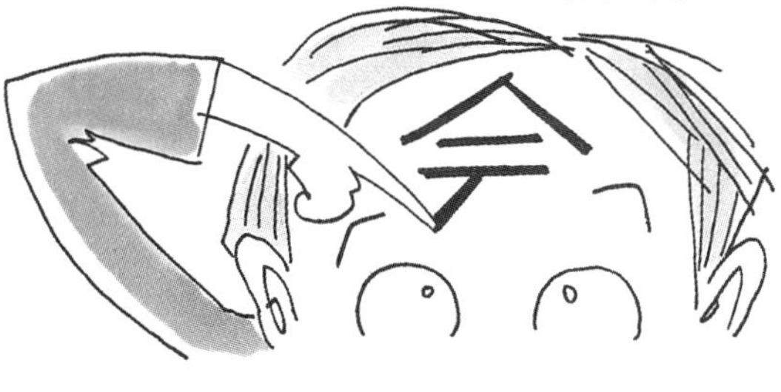

2. 組織では正確に伝える直接話法を

直接話法と間接話法

直接話法は、誰かが話したり何かに書いてある内容をそのまま引用して第三者に伝えます。取引先の担当者に「納期を早めてくれ」と言われたことを上司に直接話法で報告すると、次のようになります。

「担当者のAさんに『納期を早めてくれ』と言われました」

これに対し、間接話法とは、誰かが話したり書籍や新聞などに書いてあった内容を自分の表現に置き換えて第三者に伝える話法です。そのため、伝達話法とも呼ばれます。前出の内容を間接話法にすると、次のようになります。

「担当者のAさんは、納期をもう少し早めてくれないかとおっしゃってました」

ふたつを並べればわかる通り、直接話法は誰が何を話したのか、内容が正確に伝わります。

◉「もう少し」とは誰が言った

ところが、日本人は無意識のうちに間接話法を使うことが多いようです。その理由は、日本語では第三者がどう思ったかよりも、自分がどう思っているかの方が重要視されるからです。

しかし、間接話法では、情報が正確に伝わらないことがあります。前出の例でいうと、間接話法には「もう少し」という言葉が入っていますが、直接話法にはありません。これは、あくまでも自分の印象にすぎず、相手が言ったことではありません。

3. 悪質商法も利用する強力な心理

集団圧力

昔、ビートたけしさんが「赤信号　みんなで渡れば　怖くない」というギャグで笑わせてくれましたが、こうした心理を「集団圧力」と呼びます。

ある集団のなかで異なった意見を持つ少数の人たちが、集団の規範に同調してしまう心理のことで、「斉一性の圧力」ともいいます。

この圧力は私たちが考えている以上に強力で、普段なら「絶対に違う」と思うようなことでも「そうかな」と思ってしまいます。

それを実験で証明したのが心理学者のアッシュです。アッシュは被験者の周囲に、あらかじめ誤った答えをするように命じられたサクラを揃え、一目瞭然の問題を出してみました。すると30％以上の被験者がサクラにつられて答えを誤ったのです。

◉ 買わなければ損と思わせる

集団圧力は、団体から外れた考えや言動をとる人に対し、周囲の人たちが有形無形のかたちで「団体に従うように」と働きかける直接圧力と、自分の意見が団体から違っていると知った人が自発的に同調しようとする間接的圧力のふたつで構成されています。

この集団圧力は、「催眠商法」と呼ばれる悪質商法にも利用されています。これは、人々を商品販売会場に集め、サクラたちが「買わなければ損だ」という気分にさせてしまう方法です。

4. 多数の意見は本当に正しいのか?
リスキー・シフト

日本の組織では、個人の意見よりも団体の意見が尊重される傾向があります。しかし、「団体の意見は正しい」と盲目的に信じ込んでいると、組織が危険な状況になることもあるので、注意が必要です。

なぜなら、ある問題に対する決定をする場合、個人よりも集団で話し合ったときの方が、危険性の高い決定が行なわれる傾向があるためです。これをリスキー・シフトと呼びます。

心理学者のワラックは、まず6名の被験者一人一人に12の問いかけをしました。その後、6名で討論を行なってもらい、回答の変化を見ました。その結果、12のうち10の回答がリスキー(危険性の高い)な方向に傾いたことがわかりました。さらにこの傾向は、チャレンジ精神が旺盛な人が集まった場合に強く出るのがわかりました。

つまり、ベンチャー企業のように血気盛んな人が集まっている会社では、会議で経営方針を決定しようとすると、かえってリスキーな方向へ進む可能性が高いということになります。

◉ 官僚組織は保守化していく

ところで、団体で話し合うことによって、意見がより慎重な方向に変化するケースもあります。

とくに、慎重な人たちが多く集まって話し合った場合に、この傾向は強くなります。官僚組織が保守化していくのは、これが原因です。

リスキー・シフト

集団成極化
集団での議論によって、集団の意見が多数意見の方向に極端にシフトすることです。

コーシャス・シフト
集団の意見が何もしない現状維持的な方向へいってしまうことをいいます。（例＝官僚組織の保守化など）

リスキー・シフト
集団の意見が、より過激な方向へいってしまうことをいいます。（例＝ベンチャー企業など）

ワラックの実験方法

被験者一人一人に12の問いかけをします。

討議前個人決定

その後、被験者のみで同性6人が一組になって討論し、全員の共通意見を出します。

集団決定

ふたたび個人個人に分かれて、個別に回答をしてもらいます。

討議後個人決定

討議前個人決定と、討議後個人決定された回答の変化を調べます。

5. リーダーとしての能力を知る
PM理論

PM理論とは、社会心理学者の三隅《みすみ》二不二《じゅうじ》氏が考案したリーダーシップ理論で、Pは「目標達成機能」、Mは「集団維持機能」をあらわし、それぞれの機能の大小によって、その人のリーダーシップ能力を割り出します。

まず、次の問いに「イエス」「ノー」で答えてください。

1. 残業が多くても苦にならない
2. 仕事を後輩に教えるより自分でやった方が早い
3. 条件がよければいつでも転職する
4. 社員旅行には必ず参加している
5. 他人に自慢できる趣味がある
6. 学生時代に生徒会長やクラブの部長をやっていたことがある

1〜3の問いに2つ以上「イエス」と答えた人はP。1つ以下の人はp。4〜6の問いに2つ以上「イエス」と答えた人はM。1つ以下の人はm。この2つの文字を組み合わせたものがリーダーシップの有無をあらわします。

PM型……仕事ができるうえに統率力もあるリーダーの理想像です。

Pm型……仕事はできますが、統率力不足です。

pM型……面倒見はいいのですが、仕事に対する情熱が不足しています。

pm型……残念ながら、このタイプの人はリーダーとしては不向きといえるでしょう。

PM理論

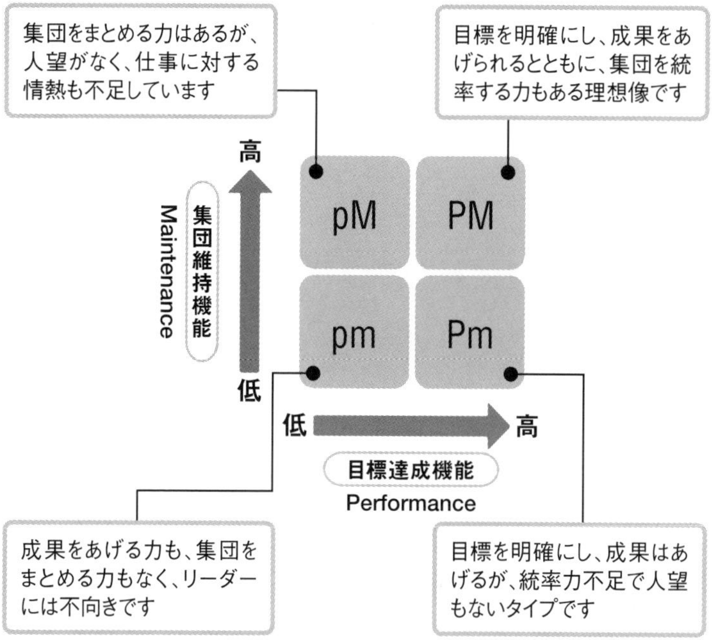
集団をまとめる力はあるが、人望がなく、仕事に対する情熱も不足しています
目標を明確にし、成果をあげられるとともに、集団を統率する力もある理想像です
高
集団維持機能
Maintenance
低
pM
PM
pm
Pm
低
高
目標達成機能
Performance
成果をあげる力も、集団をまとめる力もなく、リーダーには不向きです
目標を明確にし、成果はあげるが、統率力不足で人望もないタイプです

Question

1	残業が多くても苦にならない
2	仕事を後輩に教えるより自分でやった方が早い
3	条件がよければいつでも転職する

1～3の問いに2つ以上「イエス」と答えた人はP。1つ以下の人はp。

4	社員旅行には必ず参加している
5	他人に自慢できる趣味がある
6	学生時代に生徒会長やクラブの部長をやっていたことがある

4～6の問いに2つ以上「イエス」と答えた人はM。1つ以下の人はm。

6. 同じ目線で怒る上司が理想
怒り方に出る心理

転んでもただでは起きないのが出世のコツです。上司に怒られるときにも、ただ怒られているのではなく、状況を冷静に判断して上司の性格を見抜いてみてはどうでしょうか。

ポイントは、あなたと上司の位置関係にあります。こんなところにも人間の心理があらわれるという例です。

1. あなたの席へ近づいてきて、見下ろしながら怒る上司……この位置関係は、「自分はお前より高いところにいるのが当然」と考えている証拠です。つまり、上下関係を重要視しているということ。

自分の出世のことで頭がいっぱいのため、あなたがミスを犯してもかばってくれません。それどころか、ミスをなすりつけられたり、手柄を独り占めされてしまう可能性もありますので、気をつけてください。

2. あなたを呼びつけて、立たせたまま怒る上司……あなたの目線を高い位置に置いたままで怒ることができる人というのは、自分の地位を絶対的なものと考えている証拠です。このタイプの上司は、いつまでたっても一人前と認めてくれず、あなたを単なる捨て駒としか考えていないかもしれません。

3. 会議室など、人気のないところに呼びつけて、同じ目線で怒る上司……あなたのことを同格に見てくれています。このタイプの上司に厳しく叱責されても、それはあなたを思ってのことです。

怒り方に出る心理

上司に怒られるときにも、ただ怒られているのではなく、状況を冷静に判断して上司の性格を見抜いてみてはどうでしょうか。ポイントは、あなたと上司の位置関係にあります

①あなたの席へ近づいてきて、見下ろしながら怒る上司

あなたがミスを犯してもかばってくれないどころか、ミスをなすりつけられたり、手柄を独り占めする可能性があります

②あなたを呼びつけて、立たせたまま怒る上司

このタイプの上司は、いつまでたっても一人前と認めてくれず、あなたを捨て駒としか考えていないかもしれません

③会議室など、人気のないところに呼びつけて、同じ目線で怒る上司

あなたのことを同格に見てくれています。厳しく叱責されても、それはあなたを思ってのことです

7. 嫌な命令はあえて高圧的にする
部下を支配する

左遷や賃金カットなど、部下や従業員が不本意と思うことを命じるとき、日本人はどちらかというと「申し訳ない」「なんとか頼む」のように、下手に出ることが多いでしょう。しかし、アメリカ陸軍で行なわれた心理実験を見ると、それは逆効果のようです。

軍の心理学者は、兵士たちをふたつのグループに分け、上官からイナゴを食べるように命じてもらいました。

このとき、片方のグループには「これは訓練だ。文句を言わず、とっとと食え！」と高圧的に命令し、もう片方のグループには「これは、イナゴが非常時の食料になるかどうかをたしかめるテストだ。つらいとは思うが、生きるか死ぬかの状況に置かれたときのことを考えて、食べてほしい」と、申し訳なさそうに命令しました。

すると、高圧的に命じたグループの方が、イナゴを食べることに対する不快感が少なく、たくさんのイナゴを食べたそうです。それに対し、申し訳なさそうに命令したグループはイナゴを食べることに強い不快感を示しました。

◉ 不快感を与えない心理術

これは、高圧的に接してきた上官との関係を、イナゴを食べるという行為によって改善しようとした結果です。つまり、左遷や賃金カットなどの申し入れも、「失敗したから左遷だ」「業績が悪いから賃金カットをする」と高圧的にした方が、不快感を与えずにすむということになります。

8. 二者択一で迫る
指示的アプローチと非指示的アプローチ

宴会などで最初に飲む一杯のオーダーが決まらず、10分以上かかってしまうことがあります。これは、幹事さんが「何を飲みますか?」と聞いていたために起きたことです。こうした聞き方を「非指示的アプローチ」といいます。

相手に不快感や抵抗感を感じさせない聞き方ではありますが、明確な答えを得にくいという大きな欠点があります。そのため、最初の一杯がいつまでも決まらなかったのです。

明確な答えを得るのには「指示的アプローチ」を使って聞くのが効果的です。前出の例でいえば、「最初の一杯は、全員生ビールでいいですね」と聞くのが指示的アプローチ。こうすれば、あっという間に乾杯まで進みますが、参加者には「飲み物を幹事に勝手に決められた」「幹事に命令された」という気持ちが残り、幹事に悪い印象を持ってしまいます。

◉ 自分で選ばせることが大切

こんなときは「レモンサワーと生ビール、どちらにしますか」と、二者択一の問いかけをすると、悪い印象を持たれることなく、あっという間に最初の一杯が決まるはずです。これも指示的アプローチの一種ですが、「レモンサワーと生ビール」とふたつの選択肢を示すことで、相手に「自分が選んだ」という心理が働き、心理的リアクタンスが働くことなく素直に返事ができるのです。

9. なぜか承諾させてしまう頼み方
カチッサー効果

人間は、たわいのない話法にコントロールされます。心理学者のランガーが行なった次の実験は、それを証明するものとして有名です。

被験者が、コピー機の順番を待っている行列の先頭へ行き、「コピーをとらなければいけないので、先にコピーをとらせてくれませんか」と依頼してみました。

この人はコピーをとらなければならない理由も「急いでいる」という意思表示も一切していません。つまり、よく考えてみれば順番を譲る理由などないということ。それにもかかわらず、93％の人が割り込ませてくれたというのですから驚きです。

ポイントは「○○なので△△させてください」という頼み方。この話法を使われると、人は「頼みごとをされている」と思い込んでしまうのです。

◉ 理由をつければ受け入れられやすい

このように、ひとつの働きかけによって無条件にある行動を起こしてしまう心理現象を「カチッサー効果」と呼びます。これは、テープレコーダーの再生ボタンを押すと、何も録音されていなくてもサーッという音が自動的に聞こえてくることに由来した言葉です。

つまり、第三者に何かを依頼するときには、ただ「○○をしてほしい」と頼むよりも、どんなこじつけでもいいから「△△だから」という理由をつけた方が、相手に受け入れてもらいやすいというわけです。

カチッサー効果

ランガーによる承諾率の実験結果

①先にコピーを
とらせてくれませんか

60%

94%

93%

②急いでいるので、
先にコピーを
とらせてくれませんか

③コピーをとらなければ
いけないので、先にコピーを
とらせてくれませんか

②は正当な理由を言っていますが、③は理由にならない理由を言いながら頼んでいるにもかかわらず、承諾率はほぼ同率になっています

～なので、～させてください

～だから、～してください

↓

「～なので」あるいは「～だから」などのような、ひとつの働きかけによって無条件にある行動を起こしてしまう心理現象

↓

カチッサー効果

10. テーブルのかたちと会議の関係

会議を支配する

会議室の準備は面倒な作業です。そのため、なかなか進んでやろうとする人はいません。しかし、心理学的に見ると、これはもったいないことです。なぜなら、会議室の準備をすれば会議を支配することができるからです。

たとえば、「この会議はもめてほしい」と思ったら、迷わず丸テーブルを準備しましょう。丸いテーブルには参加者の地位を平均化する働きがあるため、意見を集約するのが難しくなります。

「早く結論を出してもらわないと困る」というときには、四角いテーブルを選びましょう。四角いテーブルは参加者の地位を明確にする働きがあるので、意見を集約しやすいのです。

◉ 発言力が増す席はどこか

四角いテーブルを使った場合、席次も会議の行方を大きく左右します。参加者は上座に座った人の意見に逆らいにくくなるので、自分の意見を通したいときには、できるだけ上座に近い位置に座ることです。とても上座には近づけないというときには、有能という評価を受けている人の隣に座ると、発言力が増します。

逆に、発言させたくないと思っている人がいたら、できるだけ下座に座らせましょう。会議にかかわっているという気持ちが希薄になり、発言が少なくなりますし、たとえ発言しても影響力が弱くなります。

第11章

犯罪の心理

1. プライドの高い男性ほど危険
ストーキング

好きな人とはいつも一緒にいたい――こう思うのは当然のことかもしれません。しかし、これが許されるのは、相手もあなたに好意を持っている場合です。相手があなたに近づいてほしくないと思っていたり、あなたの好意を迷惑がっている場合には、ストーキングということになります。

しかし、ストーカーになる人は、相手が嫌がっているのがわからず、理解しようともしません。

◉ 自分に都合よく解釈する

たとえば、ある女性を食事に誘って断わられたとしましょう。その断わり方には「迷惑ですから二度と誘わないでほしい」というニュアンスが含まれていました。ほとんどの人は、それを敏感に察知して二度と誘わないでしょう。

ところが、ストーカーになる人にはそのニュアンスがまったく伝わらず、「本当は自分と食事がしたいのに、恥ずかしがっているんだ」と、自分に都合のいい解釈をします。そのため、何度でも誘い続けるのです。

相手は「絶対に嫌だ」と思っていますから、いつまでたってもイエスとは言ってくれません。すると、自分のことは完全に棚に上げて、「こんなに一生懸命に誘っているのに付き合ってくれないなんて、とんでもないヤツだ」と考え、相手を攻撃するようになります。

ストーキングが始まるきっかけとして多いのが、恋人同士の別れや離婚です。このケースでストーカーになるのは男性が多いようです。

ストーカー事案への対応

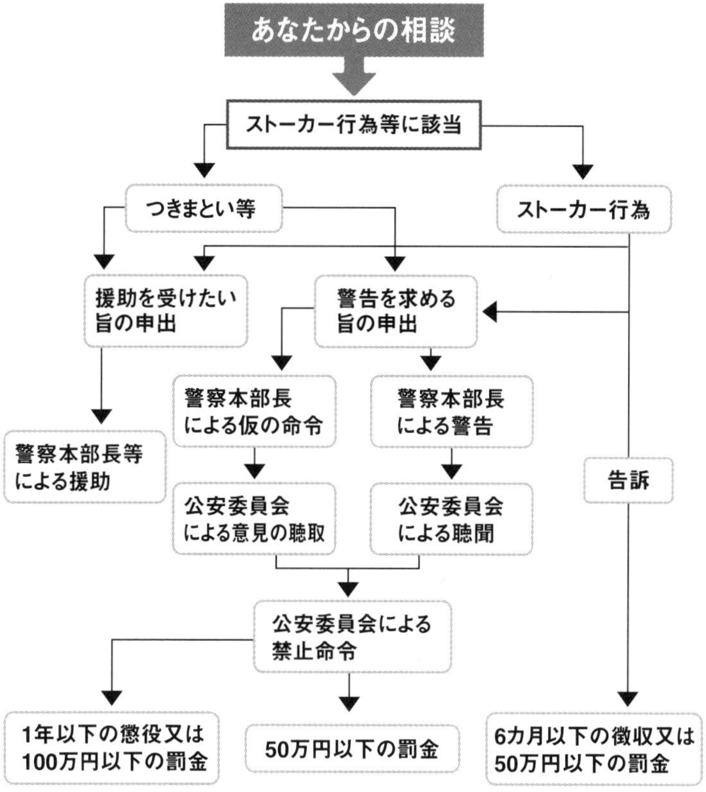

（出典◎警察庁ホームページ）

ストーカー行為の対象となるもの

1.つきまとい・待ち伏せ・押しかけ	5.無言電話、連続電話、ファクシミリ
2.監視していると告げる行為	6.汚物などの送付
3.面会・交際の要求	7.名誉を傷つける
4.乱暴な言動	8.性的羞恥心の侵害

2. 最も危険なのは「破婚タイプ」
ストーカーの種類

ストーカーがさまざまな事件を起こしています。ひとくちにストーカーといっても、被害者との関係や動機などは様々です。

犯罪心理に詳しい精神科医の福島章氏は、ストーカーを次の5タイプに分類しています。

1. イノセントタイプ……被害者とストーカーが面識のないケースです。ストーカーが自分勝手に妄想を膨らませて求愛したり、やたらに被害者につきまといます。

2. 挫折愛タイプ……被害者とストーカーに交流があるケースです。恋愛関係や友人関係が壊れたときに生まれます。

3. 破婚タイプ……挫折愛タイプに似ていますが、こちらは離婚後に夫婦関係を維持していた相手にストーキングをします。挫折愛タイプよりも被害者との関係が深かっただけに憎悪も強く、傷害事件や殺人事件に至ることが最も多いタイプです。

4. スターストーカータイプ……有名人やタレントに対して妄想を膨らまし、つきまとうタイプです。アメリカ人のアイドルから接近禁止命令を受けた日本人男性がいましたが、これに当てはまります。

5. エグゼクティブストーカータイプ……会社社長や医師、学校の先生など、社会的地位の高い人や憧れの存在に対し、勝手に妄想を膨らませてストーキングを始めるタイプです。

ストーカーの被害

ストーカー事案に関する認知件数

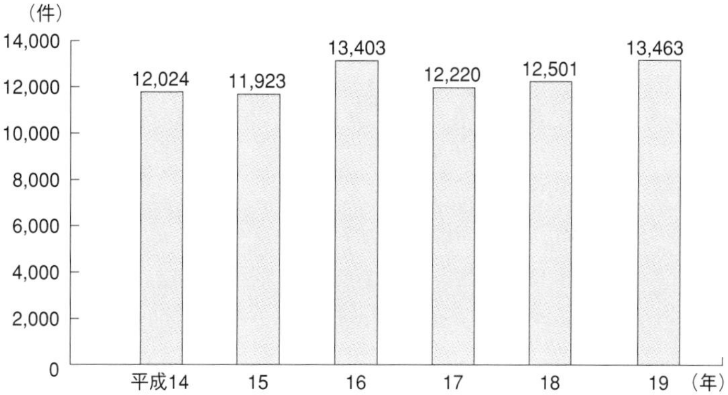

（参考）警察庁資料より作成

ストーカーの5つのタイプ

1
イノセントタイプ
被害者とストーカーがまったく面識のないケースです

2
挫折愛タイプ
被害者とストーカーの間に面識・交流があるケースです

3
破婚タイプ
離婚後に夫婦関係を維持していた相手にストーキングをします

4
スターストーカータイプ
有名人やタレントに対して妄想を膨らまし、つきまとうタイプです

5
エグゼクティブストーカータイプ
社会的地位の高い人や憧れの存在に対してストーキングをします

3. ハネムーン期はかりそめの姿
ドメスティックバイオレンス①

内閣府が平成17年度に行なった「男女間における暴力に関する調査」によると、女性の33.2%、男性の17.4%が「被害経験がある」と答えたそうです。さらに警察庁統計によると、平成15年中に夫に殺害された女性の数は133人にも達しているそうです。

初めてのDVで、加害者が被害者を殺害することは滅多になく、次第に暴力がひどくなり、やがて殺人に達するというケースがほとんどです。つまり早く別れていれば、133人の被害者の多くは命を失わずにすんだということです。

◉ DVサイクルとは

では、なぜ、彼女(彼)たちは別れられなかったのでしょうか。その理由は、次のような「DVサイクル」にあります。

1．緊張蓄積期……加害者の緊張が次第に高まっていきます。イライラして怒りっぽくなり、乱暴な仕草を見せるようになります。

2．暴力爆発期……加害者の緊張がピークに達し、DVが発生します。激しい暴力を振るわれるのはこの時期です。

3．安定期……緊張が解放され、加害者は暴力を振るったことを深く反省し、被害者に謝罪や愛情を示します。そのため「ハネムーン期」ともいいます。

被害者たちは、加害者が「安定期」に見せる優しさを「本来の相手」と錯覚するため、別れられないのです。

ドメスティックバイオレンス

配偶者からの被害経験

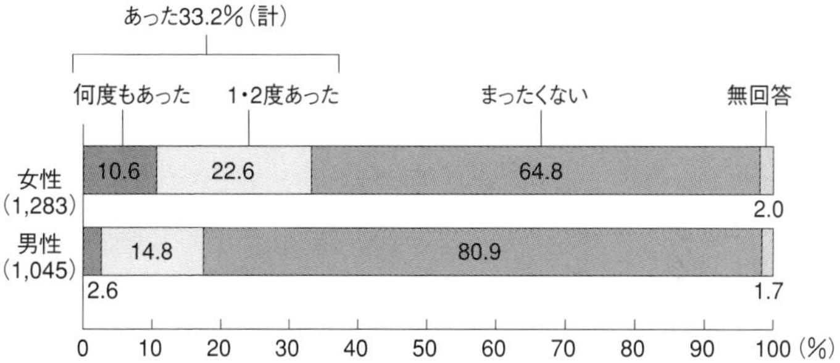

（備考）
主な被害経験
1.身体的暴行:殴ったり、けったり、物を投げつけたり、突き飛ばしたりするなどの身体に関する暴行を受けた。
2.心理的攻撃:人格を否定するような暴言や友好関係を細かく監視するなどの精神的な嫌がらせを受けた、あるいは、あなたもしくはあなたの家族に危害が加えられるのではないかと恐怖を感じるような脅迫を受けた。
3.性的強要:嫌がっているのに性的な行為を強要された。

（参考）内閣府「男女間における暴力に関する調査」（平成17年）

夫から妻への犯罪の検挙状況

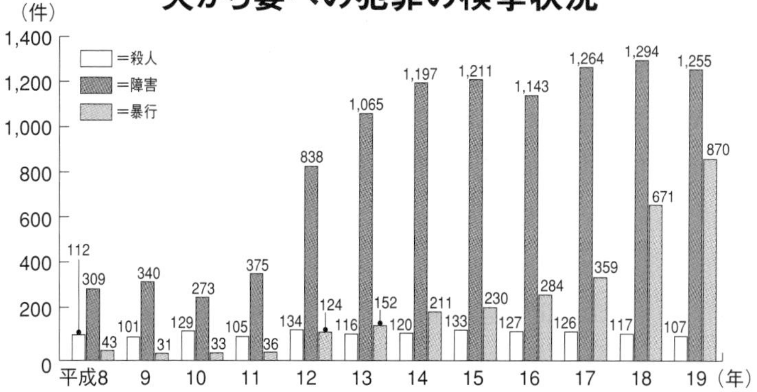

（参考）警察庁資料より作成

4. 妻は自分の所有物と考える加害者

ドメスティックバイオレンス②

前項のデータからもわかる通り、DVの加害者の多くは男性です。なかでも、男尊女卑の考えの持ち主はDVの加害者になる傾向が強いといわれています。

なぜなら、彼らのなかには妻や交際相手を「自分の所有物だから、暴力を振るっても許される」と考える人が多いためです。

また、ストーカーと同様に、プライドの高い人もDVの加害者になることが多いようです。これは、自分の意に添わないことを相手に言われたり行動で示されると、ひどく自尊心を傷つけられるためです。

ストーカーは自尊心を取り戻すためにストーキングを行ないましたが、DVの加害者たちは自尊心を取り戻すため、暴力で相手の意思や発言をコントロールしようとするのです。

◉「いい人」を装うとストレスが多い

DVの加害者になる人には、仕事ができ、社会的信用が高い人がいます。しかも友人や知人からは「温厚」という評価を受けていることが多いのも特徴といえます。これは、外で「いい人」を装うことにストレスを感じているからです。そのストレスをプライベートのときに発散しようとして暴力を振るうのです。

ある調査によると、DVの加害者になる男性の職業ベスト3は、医者、自営業者、公務員だそうです。やはり、社会的信用度が高く、外面のよさが求められる職業が多いようです。

5.「君子危うきに近寄らず」パーソナルスペース

94ページでパーソナルスペースについて解説しましたが、実はこのパーソナルスペースは、性格によって異なることがわかっています。

たとえば、外向的性格のレベルが高ければ高いほど、パーソナルスペースは小さくなります。わかりやすくいえば、明るくて友好的な人ほど、他人が至近距離に近づいても抵抗を感じないということです。逆に、外部刺激に敏感に反応し、小心で不安を示しやすい「神経質」な人ほど広くなります。

◉ 抵抗を感じない距離とは

もうひとつ興味深いのは、暴力的な傾向がある人ほどパーソナルスペースも広くなるという点です。受刑者たちに協力してもらい、このことを証明したのは、アメリカの精神科医キンゼルです。

彼の実験によると、詐欺などの非暴力犯罪による受刑者たちが「これ以上近寄られると不快感を催す」と答えたパーソナルスペースが平均0.65平方mだったのに対し、暴力犯罪による受刑者たちのパーソナルスペースは平均2.72平方mということがわかりました。つまり、面積比で4倍以上の差があるのです。

もし、パーソナルスペースが真円だと仮定すると(実際には後方の面積の方が大きい)、非暴力犯受刑者が半径およそ45cmなのに対し、暴力犯受刑者の半径は約93cmで、2倍以上の大きさです。

6. 小さな犯罪や事故も見過ごさない
割れ窓理論

割れ窓理論は「ビルの窓を割れたままにしておくと、そのビルの管理体制が不十分ということが知れ渡り、やがてすべての窓ガラスが割られてしまう」という環境犯罪学上の理論です。

そこで、軽微な犯罪を徹底的に取り締まることによって、重大犯罪を抑止することができるとされています。

これを実践したのが、1994年にニューヨーク市長になったジュリアーニでした。彼は警察官を5000名増員してパトロールを強化し、万引き、落書き、屋台の不法出店など、それまでは見て見ぬふりをしていた軽微な犯罪を徹底的に取り締まりました。

その結果、市長に就任してからわずか5年の間に強盗件数は54％減少、殺人件数も67％減少するという、「割れ窓理論」が予想した通りの結果を得たのです。

◉ 30回目に大事故が起こる

この理論に似た考え方に「ハインリッヒの法則」があります。これは、重大な事故が起きる背景には、29件の軽傷事故と、事故にならなかった300件の「ヒヤリ」とした事例が存在するという法則です。

つまり、たわいのないミスをそのまま見過ごしていると、やがて小さな事故が起き、それでも対処を怠っていると、30回目には大事故が起きるということなのです。社会におよぼす影響を考えると小さな犯罪や事故も見過ごしてはいけないのです。

割れ窓理論とハインリッヒの法則

割れ窓理論

1972年　カンザス州カンザスシティ「防犯パトロール活動」
ニュージャージー州ニューアーク「警察官の徒歩パトロール強化」

↓

司法刑事学者ケリング博士が提唱

↓

1994年　ニューヨーク市のR.ジュリアーニ市長が
NY市警察本部長にブラットンを任命

↓

「割れ窓理論」の実践

↓

5年の間に……

殺人 67%減	強盗 54%減	婦女暴行 27%減

ハインリッヒの法則

ハインリッヒの法則は別名
「1:29:300の法則」とも呼ばれる

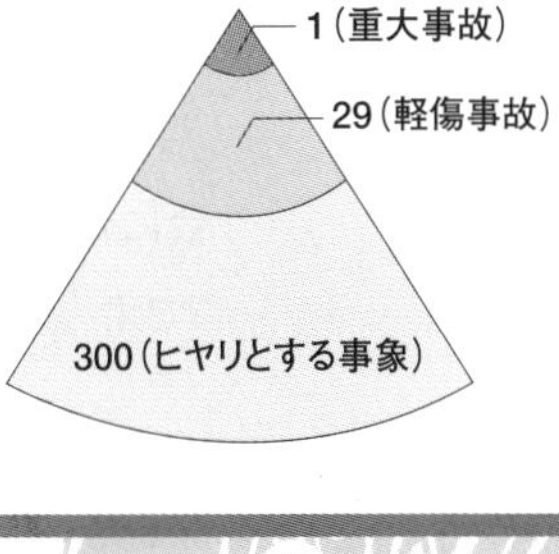

7. 最も危険な犯罪者パターン
犯罪生活曲線

犯罪生活曲線とは、心理学者で犯罪学の権威でもある吉益脩夫氏が考案したものです。これは次の3つの標識の分析によって描くことができます。

標識1　犯罪初発年齢(最初に犯罪を犯した年齢)

A. 早発型(25歳未満)

B. 遅発型(25歳以上)

標識2　犯罪経過(犯罪の反復と間隔)

C. 持続型(前回の釈放から次の犯罪までの期間が2.5年未満)

D. 弛緩型(上記の期間が、2.5年以上5年未満)

E. 完結型(上記の期間が5年以上)

F. 停止型(二度と犯罪を犯さない)

標識3　犯罪の方向性

G.単一方向型(たとえば、こそ泥だけを繰り返す)

H.同種方向型(こそ泥と詐欺など、同じ種類の犯罪を繰り返す)

I.異種方向型(こそ泥と傷害など、2種の犯罪を犯す)

J.多種方向型(こそ泥と傷害、さらに強姦など3種以上の犯罪を犯す)

これらの組み合わせは32通りになりますが、なかでも最も危険な組み合わせと考えられるのは「A−C−J(早発−持続−多種方向)」型の犯罪者とされています。

8. 殺人者の半数が動物虐待経験者
マクドナルドの三徴候

1997年2月10日に、小学6年生の女児が何者かに頭を殴られ、重傷を負う事件が発生しました。実はこの事件こそ、日本中を震撼させた「神戸連続児童殺傷事件」の始まりだったのです。

犯人の少年Aはその後2名を殺害し、遺体の一部を遺棄するという異常な行動を見せました。

逮捕後、少年Aが以前から動物虐待を繰り返していたことが発覚。そのことを知ったある犯罪学者は「やはり……」と漏らしたそうです。

実は、以前から殺人と動物虐待には密接な関係があるとされていました。圧倒的な力の差がある動物を攻撃することによって、暴力願望や殺傷願望を達成しようと考えるためです。

◉ 心に問題を抱えているために

「動物虐待」といっても、幼い頃に虫の羽根をむしったとか、犬猫にイタズラをするという行為は含まれません。しかし、小学校高学年以降になっても同様のこと、または行為がエスカレートしている場合には、心に何らかの問題を抱えていると考えた方がいいでしょう。

ちなみに、アメリカの精神科医マクドナルドは、暴力犯罪者のなかに動物虐待以外にも、火遊び（放火を含む）、高年齢の夜尿症を経験している者が多いことを発見しました。

これを「マクドナルドの三徴候」と呼び、FBIではプロファイリングに利用しているそうです。

9. 意志薄弱タイプは友人を選べ

シュナイダーの10類型

ドイツの精神科医シュナイダーは、異常性格者を「自分自身もしくは社会を悩ませる人物」と定義づけ、次の10タイプに分類しました。

1. 意志薄弱タイプ……悪い友人に感化され犯罪に走ることが多くなります。

2. 軽率タイプ……些細なことでカッとして傷害などを犯すという傾向があります。

3. 暴発タイプ……刺激型と興奮型に分かれ、刺激型は小暴力犯罪でとどまりますが、興奮型は傷害致死や殺人に達する傾向があります。

4. 自己顕示タイプ……詐欺や横領などを犯すことが多くなります。

5. 感情不足タイプ……常識的には考えられない残忍な犯罪を犯すことがあります。

6. 狂信タイプ……常識的には「些細」と思われることにこだわり、訴訟などを繰り返す傾向があります。

7. 天気屋タイプ……前触れもなく不機嫌になったりイライラする人です。この不機嫌を解消するために放火や万引きをします。

8. 自信欠如タイプ……周囲にどう思われているかを病的に気にする人です。強迫タイプと敏感タイプがあり、いずれも犯罪に関係することはまれです。

9. 抑うつタイプ……なにごとも悲観的に考えるため、不機嫌でいることが多い人です。まれに「ひがみ」が犯罪に結びつくことがあります。

10. 無力タイプ……神経質で、薬物依存に陥るケースがあります。

シュナイダーの10類型

異常性格者 ➡ 自分自身もしくは社会を悩ませる人物

1 意志薄弱タイプ
悪い友人に感化されやすい

2 軽率タイプ
些細なことでカッとする

3 暴発タイプ
刺激型＝小暴力犯罪。興奮型＝傷害致死、殺人

4 自己顕示タイプ
詐欺や横領などを犯す

5 感情不足タイプ
常識的には考えられない残忍な犯罪

6 狂信タイプ
些細なことにこだわる

7 天気屋タイプ
前触れもなく不機嫌になる

8 自信欠如タイプ
周囲にどう思われているかを病的に気にする

9 抑うつタイプ
なにごとも悲観的に考える

10 無力タイプ
神経質。薬物依存に陥ることも

10. モデリングとカタルシスの戦い
テレビと暴力

「青少年が粗暴になったのは、暴力的なテレビ番組やテレビゲームが増えたから」という意見があります。

心理学者のバンデューラの実験があります。子供が周囲にいる人の行動やテレビ、アニメなどを観ることによって行動に変化を示すことを証明したものです。このような行動をモデリングといいます。

内閣府の調査でも、テレビの暴力シーンへの接触回数が多くなればなるほど、暴力行為を経験している青少年の割合が多くなっていることがわかっていますし、非行・不良行為の経験とテレビの暴力シーンへの接触回数との関連も指摘されています。

◉疑似体験をすると欲求が満たされる

しかし、「逆に、それらを見ることで暴力事件は減少する」と主張する人たちもいます。

その根拠になっているのが、カタルシスです。わかりやすくいうと、テレビ番組やゲームなどで暴力の疑似体験をすれば、「暴力を振るいたい」という欲求を満たすことができる、というのです。

その例とされているのが、旧西ドイツやデンマークでポルノを解禁したところ性犯罪が激減したという事実。さらに、ポルノを禁止したスウェーデンでは性犯罪が激増したというデータもそれを補強します。

つまり、ポルノというセックスの疑似体験をすることによって、性的欲求を満たせたというのです。

第12章

恐怖と病いの心理

1.「単一恐怖」と「社会恐怖」
恐怖症

スティーブン・スピルバーグ制作総指揮の「アラクノフォビア」という映画をご存じでしょうか。アラクノとはギリシア語でクモ、フォビアは恐怖症という意。つまり和訳すれば「クモ恐怖症」です。

恐怖症とは、特定の対象に強い恐怖を感じ、日常生活に支障を来たす神経症です。本人は恐怖を和らげたいと感じていますが、なかなか実現できません。

通常は、恐怖の対象から逃避や回避——たとえばクモ恐怖症の場合には、クモを見たら遠ざかる、またはクモを避けて通ることによって恐怖感情から逃れられますが、根本的な解決にはなっていません。

◉ 3つのタイプがある

恐怖症は「単一恐怖」「社会恐怖」「広場恐怖」の3タイプに大別できます。前出のクモ恐怖症は、単一恐怖に含まれます。これは、クモや犬のように、単一の限定された対象に恐怖を感じるものです。生き物だけではなく、注射や火事のようなものも、その対象になります。

単一恐怖の主な原因となっているのは、幼い頃に受けた強烈な恐怖体験です。たとえばクモ恐怖症の人は、幼い頃に屋根裏部屋へ忍び込んでみたら、そこに大量のクモの巣があって絡まった。犬恐怖症の人は、幼い頃に野良犬に追いかけられた、などの体験をしていることが多いようです。

恐怖症

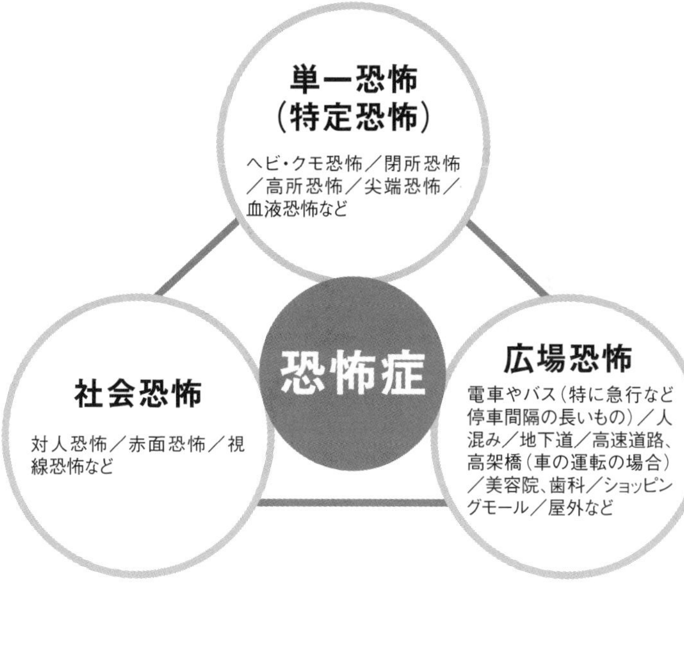
単一恐怖
(特定恐怖)
ヘビ・クモ恐怖／閉所恐怖／高所恐怖／尖端恐怖／血液恐怖など
恐怖症
社会恐怖
対人恐怖／赤面恐怖／視線恐怖など
広場恐怖
電車やバス(特に急行など停車間隔の長いもの)／人混み／地下道／高速道路、高架橋(車の運転の場合)／美容院、歯科／ショッピングモール／屋外など

2. 人前での話や食事が苦痛
社会恐怖

社会恐怖とは、第三者から批判や辱めを受けたり、自分自身が失敗して人前で恥をかいたり相手に不快感を与えるのではないかと不安になるあまり、人との接触を恐れるようになる恐怖症を指します。

知らない人たちと接触するときには、誰でもある程度の不安や緊張を覚えるものです。

軽度の対人恐怖や赤面恐怖を持つ人は珍しくありません。それが社会恐怖といえるほど病的なものかどうかは、「簡易構造化面接法」というテストで知ることができます。

◉ あなたは恐怖症なのか

恐怖症について気になる場合は、次の質問にイエスかノーで答えてみてください。

1. 人前で話をしたり食事をするときに、周囲の人から注目されていると思うと恐ろしくなる。
2. 実は、自分でも怖がりすぎていると思う。
3. 人前で話をしたり食事をすることが恐ろしいので極力避けているが、避けられないときは我慢を強いられる。
4. それを避けることや我慢が、仕事や生活に支障を来たしたり、ひどい苦痛に感じる。

すべての問いにイエスと答えた人以外は、社会恐怖とはいえないので安心していいでしょう。

社会恐怖

3. パニック発作がきっかけで発症
広場恐怖

広場恐怖には、パニック発作を伴うタイプと伴わないタイプがありますが、発症のきっかけになるのは、パニック発作が多いようです。

パニック発作とは、なんの前触れもなく突然発症する恐怖発作のこと。めまい、立ちくらみ、呼吸困難、激しい動悸などの身体症状があらわれ、本人は「このまま死んでしまうのではないか」という強い不安や恐怖を覚えます。

救急車で運ばれたり緊急入院する人も少なくありませんが、実際には心臓疾患などが発見されることは滅多にありません。

◉ 一人では外出できない

広場恐怖とは、急な発作が起きても逃れられず、助けが求められない場所にいることに恐れを感じ、そのような場所を避ける症状を指します。その対象は広場だけではなく、エレベーターや電車、飛行機、締め切った建物の中、さらに混んでいる店内や繁華街などにも及びます。

成人女性に発症することが多く、パニック障害の患者の8割前後がこの広場恐怖になるとされています。広場恐怖が深刻になると、家に引きこもるようになり、一人で外出ができなくなるケースもあります。

広場恐怖を克服するためには、信頼できる人に同伴してもらい、恐怖を感じる場所に少しずつ接近していき、「発作を起こさずにすんだ」という成功体験を積み重ねるのがいいとされています。

4. アインシュタインもそうだった アスペルガー症候群

青少年が凶悪事件を起こすと、テレビや新聞、雑誌などで「アスペルガー症候群」という言葉を見たり聞いたりするようになりました。たとえば、2000年に愛知県豊川市で起きた主婦殺害事件の犯人少年Aや、同年に起きた「西鉄バスジャック殺人事件」の犯人少年Bなども、アスペルガー症候群だったとされています。

このような凶悪犯罪と一緒に語られることが多いので、「危険な心の病」と思われがちです。しかし、それは誤りです。実は、アスペルガー症候群は、出生児の100人に1人に見られるといわれるもので、優秀な人材も少なくありません。

歴史上の人物では、エジソンやアインシュタインなどもアスペルガー症候群だったのではとされているほどです。

◉こんな特徴はあぶない

アスペルガー症候群の特徴には、次のようなものがあります。

1. 他人とコミュニケーションがうまくとれない……とくに、楽しみや達成感を分かち合うことが苦手なところがあります。

2. 無関心……ただし、自分が興味を持ったことには、異常ともいえるほどの固執を見せます。

3. 特徴あるしゃべり方をする……不思議な鷹揚《おうよう》をつけてしゃべる。

4. こだわり……他人には理解できない習慣や儀式にこだわる。

5. 拒食と過食は表裏一体
摂食障害

摂食障害とは、適切な食事を摂れない症状を指し、拒食、過食、異食の3タイプに分類できます。

異食というのは、一般的に食用としないものを食べてしまうことです。幼児に多く見られます。それは好奇心によるもので摂食障害とはいえませんが、成人してからも土や髪の毛、糞などを食べてしまう人がまれにいるようです。

拒食は病的に食事を拒む状態、過食は食欲が異常に進み、大量の食物を摂取する状態です。正反対のように見えますが、表裏一体の関係にあり、無理なダイエットやストレスがきっかけとなり拒食と過食を繰り返す人が多くいます。

◉心当たりはありませんか

摂食障害を起こす女性には次のような傾向が見られます。心当たりのある方は注意した方がいいでしょう。

1. 真面目で几帳面な人……ストレスがたまるため、それを食事で発散させようとして過食になりやすい。

2. 親との関係がうまくいっていない人……親のようになりたくないと考え、拒食して成長することを拒みます。

3. 自尊心が低く、周囲の目を気にしすぎる人……自分に自信がないので、太っていると思われているのではないかと、無理なダイエットをした結果、摂食障害になりやすい。

摂食障害

拒食
体重減少への異常なまでの衝動や、体重増加への強い恐怖や罪悪感を持ちます

過食
食べ物の話や食べることの話に対する異常な関心。また、食べる量に関してコントロールができなくなります

摂食障害

異食
一般の人が食べない土、髪の毛、糞などを食べてしまう、もしくは食べたい欲求に駆られる人のことをいいます

摂食障害の傾向

1. 真面目で几帳面な人
2. 親との関係がうまくいっていない人
3. 自尊心が低く、周囲の目を気にしすぎる人

6. 病気と行動パターン
タイプAとタイプC

満足に睡眠がとれないほど仕事に追われると、普通の人は強いストレスにさらされます。ところが、なかには忙しければ忙しいほど生き生きとする人もいるのです。そんな人のことを「タイプA」といいます。

「タイプA」といっても、血液型がA型ということではありません。アメリカの医師、フリードマンとローゼンマンが発見した行動パターンで、次のような特徴があります。

1. 競争心が旺盛……とにかく負けず嫌いで、出世欲が強い。ライバルを蹴落としてでも出世したいと思っています。

2. せっかち……早口でしゃべり、他人の話をじっと聞いていられない傾向があります。

3. 認められたい……社会的承認欲求といって、周囲に認められたいという気持ちが強いところがあります。

タイプAの人は望み通り出世することが多いのですが、この行動パターンのため、通常の2.2倍も心臓疾患にかかりやすいというデータもあります。

◎タイプCとがんは関係する?

タイプCとはタイプAとは正反対ともいわれています。おとなしく、周囲に合わせる特徴があり、特に、怒りや敵対心のような環状を抑え込んで、周囲から頼まれると断ることが出来ません。がんとの関係が指摘されていますが、厳密に医学的な研究ではまだ実証されていません。

タイプAとタイプC

タイプA

性格面

①強い出世欲
②野心的で競争心旺盛
③時間に追われている感じをもつ
④性急でいらつきやすい
⑤過敏で警戒的

行動面

①早口で食事のスピードが速い
②一度に多くのことをやろうとする
③いら立ちを態度にあらわす
④挑戦的な言動
⑤特徴的な仕草や神経質な癖

虚血性心疾患

になりやすい

正反対の性格

タイプC

物静かで、自分の気持ちを抑えて周囲に合わせます。特に、「イヤだ」と言うことが悪いことだと思い、人から頼まれると何でも請け負ってしまします。そのため、周囲からは「いい人」と見られることが多いタイプです

がん

になりやすいともいわれているが実証はされていない

7. 引きこもりの原因とは?
トラウマ

外傷は身体に負った怪我のことですが、心(精神的)に負った怪我があります。それがトラウマという心的外傷です。

たとえば、人の死を目の当たりにした、ひどい虐待を受けたなどの体験が強いショックやストレスとなっている場合、この心的外傷をケアせずに放っておくと、精神の安定が脅かされることがあります。そのため、私たちはその強烈な体験を意識の世界から無意識の世界へ抑圧します。すると、それがコンプレックスにかたちを変え、後になって、精神生活に悪影響を及ぼすことがあるのです。

◉ これがPTSDの主な症状

また、トラウマによってPTSD(心的外傷後ストレス障害)を発症することもあります。PTSDの主な症状は次の3つです。

1. 悪夢やフラッシュバックによって、トラウマの原因を繰り返し体験するようになる。

2. トラウマの原因に関連した出来事を意識的に避けようとしたり、感情が萎縮してうつ状態になったり、あるいは未来を悲観的に考えるようになってしまう。

3. 睡眠障害や極度の警戒心、怒りやすくなる、集中力がなくなるなどの症状をあらわす。

ちなみに、これらの障害は大きな苦痛を与え、対人恐怖症やアルコール依存などの新たな症状や問題を引き起こします。

トラウマ

トラウマ

1917年、フロイトは物理的な外傷が後遺症となるのと同様に、過去の強い心理的な傷がその後も精神的障害をもたらすことを『精神分析入門』（ギリシア語で「傷」の意味）の中で「トラウマ」と表現しました。そしてその後、精神的外傷を指すようになりました

PTSD

Post-traumatic stress disorder

悪夢やフラッシュバックによって、トラウマの原因を繰り返し体験する

うつ病になったり、未来を悲観的に考えるようになってしまう

睡眠障害や、集中力がなくなるなどの症状をあらわす

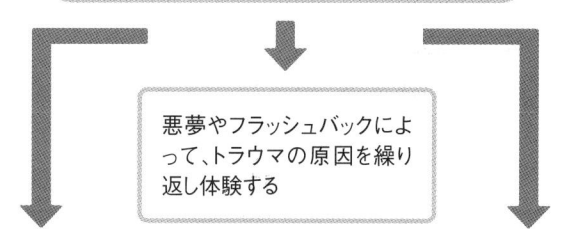

8. 父親の会社優先主義が主な原因
マザーコンプレックス

母親に強く依存することを一般的にマザーコンプレックスと呼びます。マザコンになる理由として最も有力視されているのは、エディプス・コンプレックスを経験しなかったことです。

3～6歳になった男の子は、母親に恋心を抱きます。そして、父親を恋のライバル視するようになります。簡単にいうと、これがエディプス・コンプレックスです。

男の子は、このエディプス・コンプレックスを乗り越えることによって、一人前の男になろうと考えるようになるわけです。

◉ 食べ物の好き嫌いはありませんか

ところが、最近は父親が仕事で忙しく子供と接する機会が少なくなっているため、父親不在の時間が長くなっています。つまり、父親というライバルが不在で、男の子は母親を独り占めできるのです。しかも、母親も寂しさから必要以上に子供の世話を焼くため、男の子が母親と強く結びつく「母子密着」が起きがちです。こうなると、男の子はいつまでたっても母親から自立できなくなり、病的なまでに母親に依存する——つまりマザコンになってしまうのです。

マザコン男性には、酒癖が悪い、性格が優柔不断、人を褒めるのが苦手、食べ物の好き嫌いが多いなど、あまり好ましくない傾向があらわれることが多いとされます。父親はできるだけ子供と接する時間を増やした方がいいでしょう。

マザーコンプレックス

マザコンの男性

- 酒癖が悪い
- 性格が優柔不断
- 人を褒めるのが苦手
- 食べ物の好き嫌いが多い

参考文献

よくわかる心理学　渋谷昌三　西東社

よくわかる深層心理　渋谷昌三　西東社

面白いほどよくわかる心理学　渋谷昌三　日本文芸社

心理雑学事典　渋谷昌三　日本実業出版社

すぐに使える！　心理学　渋谷昌三　PHP研究所

人間関係の心理学　齊藤勇　ナツメ社

攻撃性の深層　馬場謙一・福島章・小川提之・山中康裕　有斐閣

きょうだい順でわかる人柄の本　依田 明　同文書院

フロイトからユングへ―無意識の世界　鈴木 晶　日本放送出版協会

フロイト思想のキーワード　小此木啓吾　講談社

サイレント・ベビー―「おとなしい子」ほど、未来は危険　柳沢慧　ザ・マサダ

教育心理学小辞典　三宅和夫・小嶋秀夫・北尾倫彦　有斐閣

講座サイコセラピー 第10巻　田中熊次郎　日本文化科学社

犯罪心理学入門　福島章　中央公論新社

犯罪精神医学入門　福島章　中央公論新社

図解雑学　身近な心理学　瀬尾直久監修　ナツメ社

Sociometric Research: Data Analysis　Willem E. Saris・Irmtraud N. Gallhofer

(Palgrave Macmillan)

●監修者略歴

保坂　隆（ほさか・たかし）

東海大学医学部教授（精神医学）。日本総合病院精神医学会理事、日本サイコオンコロジー学会理事、日本ヘルスサポート学会理事。日本スポーツ精神医学会理事。日本医師会健康スポーツ医。日本体育協会認定スポーツ医。慶應義塾大学医学部卒業後、同大学精神神経科入局。1990年より２年間、米国カルフォニア大学へ留学。93年、東海大学医学部講師、2000年、助教授、03年より教授。
主な著書に『疲労回復読本』『ストレス解消読本』（以上、青春出版社）、『「Ａ型行動人間」が危ない』（日本放送出版協会）、『「プチストレス」にさよならする本』『「プチ楽天家」になる方法』（以上監修、ＰＨＰ研究所）『「頭がいい人」の快眠生活術』『「頭がいい人」は脳のコリを上手にほぐす』（以上編著、中公新書ラクレ）『プチストレスをきれいになくす』（編著、日本文芸社）などがある。

学校で教えない教科書

面白いほどよくわかる
心理学

＊

平成20年11月25日　第１刷発行
平成21年10月10日　第２刷発行

監修者
保坂　隆
発行者
西沢宗治
印刷所
誠宏印刷株式会社
製本所
小泉製本株式会社
発行所
株式会社日本文芸社
〒101-8407　東京都千代田区神田神保町 1-7
TEL.03-3294-8931［営業］, 03-3294-8920［編集］
振替口座　00180-1-73081

＊

乱丁・落丁などの不良品がありましたら、小社製作部宛にお送りください。
送料小社負担にておとりかえいたします。

ISBN 978-4-537-25632-1
112081125-110290930Ⓝ02
編集担当・星川
URL　http://www.nihonbungeisha.co.jp